文治
© wénzhi books

更好的阅读

物理学家的智性冒险

There Are Places in the World
Where Rules Are Less Important
Than Kindness

［意］卡洛·罗韦利 著

胡晓凯 译

®

"企鹅"及其相关标识是企鹅图书有限公司已经注册或尚未注册的商标。

未经允许,不得擅用。

封底凡无企鹅防伪标识者均属未经授权之非法版本。

关于作者

卡洛·罗韦利是一位理论物理学家，在时空物理学上做出了突出贡献。他曾在意大利和美国工作，目前正在法国马赛的理论物理研究中心主持量子引力研究项目。他的《七堂极简物理课》《现实不似你所见》《时间的秩序》是全球畅销书，被译成了 41 种语言。

序

报纸文章与日本的禅宗公案和欧洲的十四行诗有相同之处，因为篇幅和形式受限，它每篇只能容纳一条信息、一段议论、一段回忆或一种感情。然而，它能谈论的话题却包罗万象。

这本书收录的是我过去十年间发表在不同报纸上的文章，里面谈到了那些曾以某种方式影响过我的诗人、科学家和哲学家，涉及主题有旅行、我这代人、无神论、黑洞、望远镜、智性惊奇等，不一而足。它们像一篇篇简短的日记，记录了一个物理学家智性上的冒险之旅，这个物理学家对许多事情感兴趣，一直在寻找新的思想，一个宽广但条理清楚的视角。

这本书的意大利语原版书名是《在世界上有些地方，善意比规则更重要》，它出自书中的一篇文章，这句话可能传达了这些文章共有的某种精神。也许，它所揭示的正是我愿意生存在其中的那种世界的精神……

写于马赛
2020 年

目录

第一辑

在浩瀚的宇宙中

但丁、爱因斯坦和三维球面	003
在确定性和不确定性之间：一个宝贵的中间地带	009
黑洞（一）：恒星的致命吸引	015
黑洞（二）：虚空的热量	020
黑洞（三）：中心之谜	024
基普和引力波	029
确定性与全球变暖	033
空间的无限可分性	036
空无自性：龙树菩萨	043

第二辑

在巨人的肩膀上

科学家亚里士多德	051
炼金术士牛顿	058
哥白尼和博洛尼亚	065
布鲁诺·德福内梯：不确定性不是我们的敌人	070
爱因斯坦的许多错误	076
希伦王，有人认为，沙子的数目是不可数的	080
思想不会从天而降	087
查尔斯·达尔文	091
玛丽·居里	094
"大师"乔治·勒梅特	097
莱奥帕尔迪和天文学	102
《物性论》	107
谢谢你，斯蒂芬	115
罗杰·彭罗斯	121

第三辑

在科学与人文之间

《洛丽塔》和普蓝眼灰蝶	129
我和我朋友们的1977	135
文学与科学：一场持续的对话	142
科学需要哲学吗？	147
章鱼的思想	155
为什么存在不平等？	160
古代战争的巨大回响	166
关于政治的四个问题	171
国家认同是有毒的吗？	174
哪种科学更接近宗教？	180
会飞的驴存在吗？大卫·刘易斯说"是的"	185
我们都是自然世界中的自然生物	190
《我的奋斗》	195
亲爱的小耶稣	198
丘吉尔与科学	201
传统医药和联合国教科文组织	204
雷蒙·卢尔：《伟大艺术》	207
我们自由吗？	213

我为什么是无神论者?	217
哈扎人	220
非洲一日	226
圣诞季结束了	237
这短暂的人生,今天比以往任何时候都显得更加美丽	241

第一辑

在浩瀚的宇宙中

但丁、爱因斯坦和三维球面
Dante, Einstein and the Three-Sphere

在但丁攀登到亚里士多德宇宙的最外层之后，贝雅特丽齐邀他向下看。他看到了整个天界，其中位于最底部的地球似乎在他的脚下缓慢旋转。然而，接着贝雅特丽齐就邀请他往上看，看向亚里士多德宇宙之外的地方。亚里士多德认为，宇宙有一个确定的边界，在那儿一切都将结束。然而，但丁却看到那里有一个炫目的光点，周围有九个巨大的天使球面围绕着它。这个光点在哪里，那些有天使的球面又在哪里？它们是否位于亚里士多德意义上的宇宙这个巨大的球体之外？但丁说，宇宙的另一部分"环绕着第一个宇宙围成一个圈，就像第一个宇宙围绕别的部分一样"，在下一个诗章中，就说它"似乎是被它围住的东西反围住了"。这个光点和天使球面围绕着宇宙，同时又被宇宙包围着。

这是什么意思呢？对大多数读者来说，两套同心圆，一个包围着另一个，只是一个令人费解的诗歌意象。意大利的高中课本干脆将这个光点和球面从亚里士多德的宇宙论中剔除了。但是对于当代的数学家或宇宙学家来说，这种对宇宙的描述是非常清晰的，但丁描述的那个物体是确定无疑的。他描述的是一个"三维球面"，1917年，阿尔伯特·爱因斯坦就假设过，这是我们所居住的宇宙的形状，今天，它跟最新的天文测量数据是相符的。但丁奔涌的诗歌想象力和非凡的智慧，在几个世纪前就预见了爱因斯坦对我们的宇宙可能是什么形状的敏锐直觉。

什么是"三维球面"？它是一个数学结构，一个几何形状，不容易想象，但也没那么困难。要理解它，可以想想下面这个问题：如果我在地球上沿着一个方向一直走下去，最后会到哪儿呢？我会到地球的边缘吗？不会。我会在路上经过无数个新国家吗？也不会。所有人都知道，我们如果一直绕着地球走，最终会回到出发的地方。这对我们的祖先来说很难理解，今天依然会让小学生们大笑，但是最后我们都会习惯它，我们现在发现它也非常合理。这是因为地球是一个"球面"。数学家们的说法更精确：地球表面的"拓扑学"，也就是它的"实在形式"，是"二维球面的"（"二维"是因为在地球上我们能够往两个主要方向走：南北或东西）。让我们代所处的这个宇宙问同样的问题。让我们想象乘坐一艘巨大的宇宙飞船旅行，一直保持一个方向。最后我们会到哪儿？我们会到达宇宙的边缘吗？这种可能性很小。我们会发现无限的新空间吗？这个似乎既没什么吸引力，也不可信。

所以接下来呢？存在第三个可能性：在地球上旅行了足够长时间后，我们回到了最初出发的地方，"环绕"了宇宙一圈。如果宇宙是个三维球面，这就是会发生的事情。

想象三维球面的困难在于，它在我们习惯的空间内并不存在。出于这个原因，地球表面不能在一个平面地图上很好地呈现。虽然如此，有一个简单的想象三维球面的方法。想想地球的表面，一个在地图上复制它的方法就是画两个圆盘：一个上面画上北半球的大陆，中间是北极；另一个用同样的方法，画的是南半球。赤道在两个圆盘的边缘，画了两次。如果我们从南极出发，往北走，在某个时间我们一定会穿越赤道：我们将地球表面分成了两个圆盘，我们从一个圆盘"跳"到另一个。显然，在现实中，这样的跳跃是不会发生的，因为南边来的人看到的北半球"包围"着南半球，而在北边来的人看来，南半球则"包围"着北半球。

三维球面可以用两个球以同样的方式来呈现。一个球是它的"南半球"，另一个是"北半球"。隔开和连接两个半

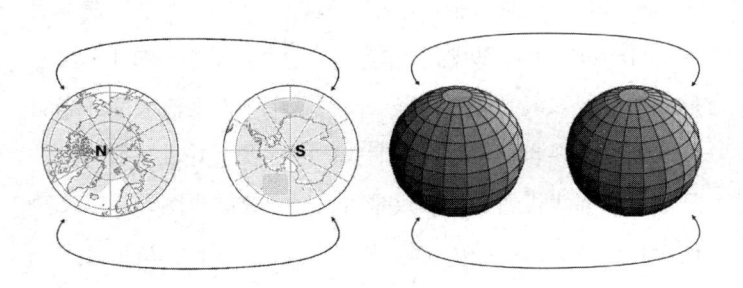

球的"赤道"面被呈现了两次：它是两个球之间的界线。

一个从第一个球中心出发的旅行者，像但丁一样，"从一个球面到另一个球面"，当他到达赤道（球的表面）后，他往下会看到一个同心球面的组合，在他头上有另一个相似的同心球面，围绕着一点闭合。这另一个半球会同时"包围"第一个球，也被第一个球所包围。换句话说，这种对三维球面的呈现和但丁的描述是相符的。

美国数学家马克·帕特森在1979年发表了一篇文章，在其中，他首次写到但丁是如何清晰描绘了三维球面的。但是今天任何一个物理学家或者数学家都会轻易地在但丁对宇宙的描述中认出三维球面。

但丁怎么能在6个世纪前就预见到爱因斯坦的发现呢？我认为一个原因可能是，但丁的空间想象力是中世纪的，没有被僵化的牛顿物理学所束缚。牛顿物理学认为物理空间是欧几里得式的，是无限的。对但丁而言，就像对亚里士多德一样，空间只是事物之间关系的结构，这个结构可能会有古怪的形状。而且，神居于宇宙边界"之外"的观点在《宝库》(*Tresor*)中可以找到，这是但丁的老师布鲁内托·拉蒂尼对中世纪知识的精彩汇编。而且，上帝作为被天使环绕的一个光点的观念，在那一时期就已经存在，并且在很多中世纪形象中都能找到。但丁只是将已经存在的拼图碎片以一种创新和智慧的方式拼在一起。

我想但丁可能尤其受到一个形象的启发。他在 1301 年离开佛罗伦萨，当时浸礼堂穹顶上无与伦比的镶嵌画行将竣工。如果今天你去参观浸礼堂，抬头往上看，你会看到一个光点（穹顶顶端的天窗透进来的自然光），周边环绕着九个等级的天使，每个等级都有清晰的标签：天使、大天使、权天使、能天使、力天使、主天使、座天使、智天使、炽天使——和它们在天堂里的排序一样。想象你是浸礼堂地板（南极）上的一只蚂蚁，你向任何方向去爬；不管你当初是从哪个点出发去爬墙，最终都会到达那个天使环绕着的光点（北极）。那个光点和天使"包围着"浸礼堂其他的内饰，同时也被它们所"包围"。浸礼堂的内部显然是个二维球面。但丁和 13 世纪佛罗伦萨的任何一个居民一样，一定都被城市里这座即将落成的宏伟建筑所震撼。那幅令人震撼的、可怕的地狱镶嵌图案，是齐马步埃[1]的老师，科博·迪·马克瓦尔多的作品，它被广泛认为是但丁笔下地狱的灵感来源。但丁是否可能在浸礼堂的内部结构中找到了他关于宇宙形状的灵感？天堂复制了它的结构，里面有一圈圈天使，还有那个光点，从二维变成了三维——通过这种做法，它抵达了爱因斯坦的三维球面。

不管是什么让他有了这个想法，一个事实是，但丁以其

---

[1] 齐马步埃（Cimabue，1240—1302），意大利佛罗伦萨画派的代表画家之一。

非凡想象力解答了一个古老的问题：怎样让一个有限的世界和一个没有"边缘"的世界达成和解。令人惊奇的是，他给出的答案，跟六个世纪后爱因斯坦用精确的数学演算得到的答案是一样的。而且，它很可能就是那个正确答案。

我们为什么对但丁这么感兴趣呢？有很多原因，其中一个我作为科学家很容易接受，那就是，但丁不仅学养很高，而且拥有非凡的智慧，这也包括科学上的理解力。听今天一个有学养之人开玩笑甚至是炫耀说，他们对于科学完全无知，就像听一位科学家吹嘘说他从未读过诗一样令人感到沮丧。

诗歌和科学都是人类精神的表现形式，它们创造新的思考世界的方式，以求更好地理解世界。伟大的科学和伟大的诗歌一样，都是有远见卓识的，有时可能会得出同样的见解。今天的文化将科学和诗歌截然分开，这在我看来是愚蠢的，因为它让我们更难看到两者所共同揭示的世界的复杂和美丽。

（《24小时太阳报》周日版 2010 年 10 月 17 日）

在确定性和不确定性之间：
一个宝贵的中间地带
Between Certainty and Uncertainty:
A Precious Intermediate Space

几年前，在我供职的一个研究所，有五个同事在很短的时间内，先后得了一种罕见的非传染性疾病。这引起了恐慌，病因调查随之展开。起初，我们以为可能是研究所的楼里有某种化学污染，因为这里过去曾被用作生物实验室。但是调查并没有发现任何污染源。后来恐慌情绪升级，并蔓延开来，有些人甚至开始准备换工作。

在一次晚宴上，我把这件事说给一个数学家朋友，他大笑起来。他问我们说："这个房间的地板上有四百块瓷砖，如果我往空中扔一百粒大米，我会在任何一块瓷砖上找到五粒米吗？"我们回答说不会，算起来应该是每四块瓷砖上有一粒米才对。但我们错了。事实上我们试着扔了无数次大米，实验的结果是，总有那么一块瓷砖，上面有两粒、三粒、四粒、五粒甚至更多大米。为什么？为什么"随意扔"的大米不能落得整整齐齐，每粒落下时都和之前已经落下的大米保持同等距离？恰恰是因为它们的落下纯属随机，后落下的米粒才总是可能会落在那些已经聚集了几粒米的瓷砖上。突然，那五位同事的案例似乎变得很不一样了。五粒米落在同一块瓷砖上，并不意味着这块瓷砖拥有某种"吸引大米"的能量。研究所内五个人得病，并不能说明建筑一定受到了污染。

对统计思维缺乏了解，即使在受过良好教育的人群中都是普遍的，也是极有害的。我供职的研究所隶属于一所大学。就连我们这些号称博学的教授也犯了低级的统计学错误。我们确信，"高于平均数"的人生病，这需要一个解释。一些人甚至就因此而选择换工作。在生活中，这样的故事比比皆是。

我们常听到新闻节目报道，说某个地区某个东西的比例超出平均水平，这是一个需要重视的因素。但事实是，任何事物的比例在这些地区差不多一半的区域都是高于平均水平的，而在另一半则低于平均水平。几年前，意大利人在电视报道中看到，经过一位叫迪·贝拉的医生使用替代疗法治疗后，许多癌症患者的身体恢复了健康，人们因此感动落泪。对医生治疗效果最好的证明，不就是看到那些患有严重肿瘤的病人恢复健康吗？但这其实是一个愚蠢的预设。因为不管有没有经过治疗，即使是最严重的肿瘤，也确实存在自然康复的可能性。表现出康复的迹象完全不等于证明治疗有积极效果，即使这样的案例数不胜数。要判断治疗是否有效，我们需要分别计算它见效的次数和失效的次数，还要将治疗结果与那些未经治疗的患者作比较。如果不这样做，就无异于跳舞求雨：总有一些日子我们跳完舞后会下雨，于是我们就可以指着雨说，这是跳求雨舞灵验的证明。

正是因为对统计学缺乏了解，许多人才会相信法国著名的卢尔德圣母朝圣地的圣水能够治疗癌症，服用糖和水制成的药物，或是在危险的游戏中丢掉性命，就因为之前他们看到其他人这样做而毫发无损。

如果教孩子们一点基本的概率论和统计学知识，我们就可以避免很多蠢事，社会也会受益良多。小学时可以教一些简单知识，初中和高中可以深入一些。概率和统计上的推理是做评估和分析时的一把利器。不掌握它们，我们就毫无防御能力。不了解诸如平均数、方差、波动和相关性这些术语，就像不知道怎样做乘除法一样。

不熟悉统计学，人就容易将概率误认为不精确。相反，概率和统计学是求精确的工具，让我们能够用可靠的方式应对精确的问题。没有它们，我们就不会拥有有效力的现代医学、量子力学、天气预报、社会学……事实上，我们就不会有从化学到天文学这整个的实验科学。没有统计学，我们就不会知道原子、社会和银河系是怎么运转的。重要的例子俯拾即是，比如，正是因为有了统计学，我们才能了解到吸烟有害健康，而石棉会要我们的命。

我们每天都在运用概率推理。在做决定之前，我们会评估它的各种后果发生的概率。我们大致了解汽油的均价和它的波动幅度，也就是说，我们清楚有多少经销商遵守或者不遵守这一均价。我们本能地期待，变量的波动是与其他事物相关联的：加油站离市中心越近，汽油的费用可能越高。我们试图区分不大可能和有点可能的事实，比如遇到火车相撞的概率是很小的，所以我们倾向于坐火车；在使用封闭式平交道口时，被火车碾压的概率也很小（大多数冒这个险的人都安然无恙），但是风险足够大到我们需要劝服自己不要做此尝试。我们还很理解，"偶然"发生的巧合与"事出有因"的事实之间的不同。但是我们对这些概念的使用都是建立在大约估计上的，经常犯许多错误。统计学让它们更加精确，给它们下精确的定义，让我们能够做出可靠的评估，比如判断一种药物或者一栋建筑是否危险。它这样做，是基于对概率这个概念量化和严格的应用。

但什么是概率呢？尽管统计学有很强的实践效力，但概率的本质是一个有争议的话题，在哲学上也引发了热烈争论。对它的一个传统定义是基于"频率"：如果我掷了很多次色子，那么掷出数字 1 的概率是 1/6。但这个定义是经不起推敲的。因为我们在"事件"不会重复的情景下也会用到概率。比如我认为,基于概率,我正在写的这篇文章有很大机会被我为之供稿的那份报纸的编辑采用;但我不会反复投稿,那样做毫无意义,因为他一定不会发表我的文章两次。对概率的另一种理解是将其看作一种"倾向"。如一些物理学家认为,一个放射性原子在接下来的半个小时有衰变"倾向",这是对其发生的概率做出的评估。这个解释也不令人满意:它听起来有点像莫里哀《无病呻吟》里讽刺的经院哲学的"催眠的力量",说安眠药让我们睡觉,是因为它有"催眠的力量",而原子衰变是因为它有衰变的倾向。[1]

对概率这个概念的澄清,在我看来,可能要归功于一位杰出的意大利知识分子,他就是哲学家和数学家布鲁诺·德福内梯,他在自己的国家没有得到应有的承认。20世纪30年代,德福内梯提出了一个观点,这后来被证明是理解概率的关键:概率指的并非系统本身(比如色子、报纸编辑、衰变的原子、明天的天气),而是指我对这个系统所拥有的知识。如果我说,明天下雨的概率是1/3,我谈论的不是关于云的任何事情,因为它已经被目前的风力情况决定。我描述

---

[1] 这里莫里哀讽刺的是一种逻辑错误:用来证明论题的论据,其本身的真实性要依靠论题来证明。如证明"鸦片能催眠",所用的论据是"它有催眠的力量"。而"鸦片有催眠的力量",又要借助于"它能催眠"来证明。这就是犯了循环论证的错误。这是论证谬误的一种。

的是自己对大气情况的所知或无知的程度。而这就是概率的全部内涵。

我们生活在一个无知盛行的宇宙中。我们知道很多事情，但不知道的更多。我们不知道明天在街上能遇到谁，我们不知道许多疾病的病因，我们不知道主宰宇宙的终极物理法则，我们不知道谁会赢得下次选举。我们不知道什么对我们来说是好的，什么又是坏的。我们不知道明天是否会发生地震。在这个不确定的世界上，要求绝对的确定性是愚蠢的。那些在夸口自己拥有确定知识的人通常是最不可靠的。

这并不意味着我们完全处在黑暗中。在确定性和完全的不确定性之间，有一块宝贵的中间地带，正是在这个中间地带，我们的生活和思想得以展开。

（《24小时太阳报》周日版 2013年1月20日）

黑洞（一）：恒星的致命吸引
Black Holes I: The Fatal Attraction of Stars

九十九年前，当欧洲斗志昂扬地投入自相残杀的狂欢中时，三十六岁的阿尔伯特·爱因斯坦把他写的一篇文章投稿给一份科学杂志，其中包含了广义相对论的最终方程式。他不会想到，这些方程式会让后人发现多少非同寻常的未知现象。

这些方程式是复杂的，爱因斯坦对于找到正解也不抱期待。然而，仅仅几周后的 1916 年 1 月，他收到了一位德军炮兵中尉的来信，信中写道："您会看到，这场战争提供了足够的便利，足以让我即使在机枪扫射之下，也得以深入您思想的疆域。"写信人是卡尔·史瓦西[1]，他宣称自己找到了爱因斯坦方程式的精确解。四个月后，卡尔·史瓦西因为在俄国前线染上疾病而离世。

---

[1] 卡尔·史瓦西（Karl Schwarzschild, 1873—1916），德国物理学家、天文学家，天文学家马丁·史瓦西的父亲。黑洞的两个性质以他为名——史瓦西度规与史瓦西半径。

他提出的解描述了一个有质量球体(比如地球或者一个恒星)周围的空间。如果球体的质量大到一定程度,就会产生引力,也就是学校里教的,牛顿在三个世纪前描述的引力。如果球体被压缩,爱因斯坦的这些方程描述的力就会比牛顿的力更加强烈,它造成的一个影响就是钟表会逐渐变慢。但是在史瓦西得出的精确解中有一个奇怪之处:如果球体的体积压缩到极其小,根据这个解,将会出现一个球面,在这个球面上,所有钟表都会停下来,时间将完全凝固。

这是什么意思呢?

在爱因斯坦犯下的许多错误中,其中一个便是,他坚称这个今天我们称为史瓦西界面或视界的球面是永远不会出现的。爱因斯坦写了一篇文章,宣称史瓦西解中描述的那些物体是不可能存在的。这篇文章是错误的。随着其他理论家加入讨论,许多困惑产生了。要了解在史瓦西界面上到底发生了什么,我们需要等到20世纪60年代,数学家和物理学家们开始解开谜团,发现该界面不是不可通过的极限。实际上,它可以被轻而易举地穿越。

它事实上是一个区域的极点,重力在那里极其强大,任何物体甚至光线都无法逃逸。

约翰·惠勒[1],凭着他在文字上的天赋,为这个现象找到

---

[1] 约翰·惠勒(John Wheeler, 1911—2008),美国物理学家。主要研究领域为量子理论、相对论研究。

了一个合适的名字：黑洞。黑洞是一个区域，那里质量被无限压缩，然后向内坍缩，没有什么能逃脱它巨大的引力，包括光线。光线遇上史瓦西界面就会被陷在那里，动弹不得，逃脱不了，凝固住了。没有什么能逃脱黑洞；所有一切都可以被吸入其中。

这个问题更像学术问题而非科学问题，因为"史瓦西界面"要想存在，就要求天体压缩到难以置信的程度。举例而言，我们所在的这颗行星如果要变成一个黑洞，它的全部质量需要被压缩进一个直径只有一厘米的弹珠中。

当然了，压缩到这种程度的实体在宇宙中实际并不存在。当然了，想要将地球挤压成比一个乒乓球还小的东西是荒唐的，至少在当时人们看起来是这样。

20世纪70年代末，我在大学学习广义相对论的时候，教科书上关于黑洞的那章说，它们不过是个数学上的有趣概念，"在真实的世界它们是不存在的"。

教科书经常犯错，这就是其中一个例子。

早在1972年，天鹅座上一个致密的黑暗物体就激起了天文学家的好奇心。它后来被称为天鹅座X-1。还有另外一颗恒星围绕它高速运行。约翰·惠勒写道，黑洞就像一个穿着黑色衣服的男人，在一个昏暗的房间，同一个白衣女人跳华尔兹舞。我们知道它在那里，只是因为我们能看到一颗明亮的星星绕着它旋转。

天文学家集中力量研究天鹅座 X-1。他们观察到，绕天鹅座 X-1 运行的星星会发出极其明亮的光，而这光一旦靠得足够近，就会被虚空吞噬。之后不久，其他相似的物体也被识别和研究。关于这个现象的其他解释逐渐被排除，人们终于得出了那个不可避免的结论：宇宙中充满了黑洞。据估计，仅在我们的银河系中，就有数千万个和天鹅座 X-1 相似的黑洞。

但人们的发现还不止于此。20 世纪 30 年代初，跨越大西洋的通信受到一种不明来源的无线电波干扰。1974 年，科学家们意识到，这些电波的源头在地球之外，它们是从人马座上发出的，那是我们银河系的中心所在。所有观察都集中在这个源头，它被称为人马座 A*，慢慢地，一个惊人的发现浮出水面：在我们银河系的中心存在一个巨大的黑洞。它的质量比太阳大几百万倍。周围有无数恒星围绕它运行。不时地，恒星中的一个就会因为太过靠近这个骇人的银河系中的波吕斐摩斯[1]而被吞噬，就像一条小鱼被一头鲸吞掉那样。

今天，天文学家布下了一个巨大的无线电天线网络，从北极延伸到南极，取道落基山脉和安第斯山脉，它应该能够"看到"环绕着这个怪物的炽热区域，在那里，恒星不可控

---

[1] 波吕斐摩斯，希腊神话中的独眼巨人。

制地和星尘及各种残渣卷到一起，在地狱般的骚乱中形成了一个强烈的涡旋，而后暴跌进一口黑色的井中。[1]

在几乎所有已知的星系中心，都观测到了类似的巨大黑洞。一些黑洞的食量很大，不停地吞掉数量巨大的恒星和星际气体。跌进其中的物质剧烈地沸腾，温度可以达到数百万摄氏度，产生巨大的能量射线，点亮了星系之间的太空。

我们在宇宙中观察到的最激烈的事件，比如过去被称作类星体的那些强烈而神秘的信号，就是由这些"巨人"产生的，有时它的亮度堪比一整个由万亿颗恒星组成的星系。你能想象一个比太阳大十亿倍的怪物释放的星系风暴吗？

（《24小时太阳报》周日版 2014年8月10日）

---

[1] 在写完这篇文章五年后，无线电天线网络成功捕捉到了一个银河系黑洞的第一张图像。这张图像从此闻名全世界。——原书注

黑洞（二）：虚空的热量
Black Holes Ⅱ: The Heat of Nothingness

斯蒂芬·霍金在科学上的主要贡献是揭示了黑洞的本性。他证明了黑洞是热的。

我指的不是那些跌入黑洞的物质，它们在旋转和聚集的过程中变得炽热，让黑洞在天空中变得可见。不，霍金证明了即使是没有任何东西正在坠入的平静黑洞也是热的。黑洞本来就是热的。

还没有人观测到这种热量。它太微弱了，任何望远镜都观测不到，在我们看到的黑洞中，它通常被不断坠入其中的物质的狂暴热量所覆盖。目前霍金的预测只是理论上的，缺乏实验的证明。但是他的运算被用许多不同的方式重复，结果总是相同的。科学界认为这个结果是有说服力的。所以黑洞极有可能并不那么黑。它是一个温和的热量之源。如果它孤独地存在于没有恒星的天空中，看起来就不会是黑的，而是一个发着暗淡的光的小球体。

这个结果令所有人吃惊。说一个东西是热的，意味着它能散发热量。但是我们原以为黑洞是一个没有东西可以逃逸的地方——那么热量是怎么从它身上散发出来的呢？

霍金运算的关键在于他考虑到了量子力学。预测黑洞只能进不能出完全是基于爱因斯坦的理论——广义相对论，而这是一个忽视量子现象的不完整的理论。霍金的运算提升了我们对一个现象的理解，爱因斯坦的理论对此只是描述到一个有限的程度，指出某种东西——一种微弱的热量——从黑洞里逃逸出来。

黑洞的热量既涉及广义相对论，也就是描述黑洞本身的理论，也涉及量子理论。目前人们还未在一个结合了广义相对论和量子力学的完整理论上达成共识，而黑洞的热量是对如何寻找这样一个理论的提示。它对所有试图将20世纪两大物理学理论结合起来的努力而言都是一个理论基准。黑洞不只是宇宙中令人惊异的真实物体，它们也是实验室，可以从理论上检验我们对空间、时间和量子的观念。

一杯茶热是因为它的分子处于非常动荡的状态。热量是分子的快速运动。但是黑洞的表面不是一个由物质组成的实在的表面，像一个球或是一杯茶的表面那样。它只是一个有去无回的地方，那里的重力大得难以置信。它不是一个由分子组成的有形的表面。那么，如果那里什么都没有的话，黑洞表面那散发出热量的动荡究竟是什么造成的呢？

一个可能的答案是，产生这种热量的是空间的基础量子。霍金的运算预见到的黑洞热量，可能是揭示这些"空间分子"存在的线索。重力这种极为强大的力量就像一个巨大的扩音器一样作用在黑洞表面，将空间的基础粒子极微小的震颤显现出来。黑洞的热量不是某个物体的热量：它是真空本身的热量，重力将其放大了。它是虚空的基础热量。

这个推理又引出一个令人疑惑的问题：当我们试图将重力理论和量子力学理论结合在一起时，不谈热量这一点似乎不可能做到。为什么会这样呢？热量可以被解读为失落的信息：说一个物体是热的，就是说它的分子在做大量的随机运动，我们无法基于物体的宏观行为来精确建构这些分子的运动轨迹。如果我在壁炉里烧毁一封信，从理论上来说，一个技术无比高超的调查者可以从灰烬或者炉火发出的光中追踪到信上的内容；但坠入黑洞的东西对于黑洞外的人而言就是永远失去了：如果我把一封信扔进了黑洞，我将永不知道上面写了什么。黑洞毁灭一切信息。那封信去哪儿了呢？

就像一个戈尔迪之结[1]象征性地关闭了通往亚洲的通道，黑洞是一个神秘物体，近期我们发现的关于世界的所有奇妙现象都与它有关：时间慢到几乎停滞，空间基础量子，失落的信息。宇宙中有这样一个地方，所有东西只能进不能出，永永远远……它造成了一种不安的感觉。它挑战了我们对

---

[1] 西方传说中象征难解的结、难题、难点。

世界的理论理解。但是我们真的确定所有坠入黑洞的东西都永远无法逃逸吗？永远不要说"永远不"……

(《24小时太阳报》周日版 2014年8月17日)

黑洞（三）：中心之谜
Black Holes III: The Mystery of the Centre

我们对黑洞存在某种矛盾的认识。对于天文学家来说，现在它们已经成了"正常"的物体。天文学家观察、计算、测量它们。它们的行动完全符合爱因斯坦一个世纪前的预测，那时没人能想象这种古怪的物体居然真的存在。所以，可以说，它们现在处于控制之下，然而，它们依然是完全神秘的。

一方面，我们有一个美丽的理论，即广义相对论，它被天文观测以令人惊叹的方式所证实，完美地解释了天文学家的观测结果：这些吞噬恒星的怪物，以旋涡状旋转，产生能量极为强大的射线，还有其他奇诡之物。宇宙丰富多样，令人惊奇，充满了我们从未预见或想象过会存在的物质，但它们并非不可理解。另一方面，当成年人为自己的发现而激动不已时，他们也始终无法回答一个孩子们爱问的小问题："但是，我们看到的那些坠入黑洞的东西都去哪儿了？"

事情就是在这里变得费解。爱因斯坦的理论提供了一个精确优雅的数学描述,甚至包括黑洞内部:它标明了坠入黑洞的物质所必须遵循的路线。物质坠落的速度会越来越快,直到它到达中心点。然后……然后爱因斯坦的方程式失去了所有意义。它不再告诉我们任何内容,似乎像阳光下的雪一样融化了。变量无穷无尽,一切都变得无法理解。哎呀。

坠入黑洞中心的物质后来怎么样了?我们不知道。

通过望远镜,我们看到了它坠落,我们在头脑中追踪它的轨迹直至几乎到达黑洞中心,然后我们就不知道后面发生什么了。我们知道黑洞的外面和里面是由什么组成的,但是一个关键的细节遗失了:中心。但这绝不是一个无关紧要的细节,因为坠入其中的一切(东西在持续坠入我们在空中观察到的黑洞)最终都会到达中心。天空布满了黑洞,我们看到东西在其中消失……但是我们不知道它们后来怎么样了。

迄今为止,寻找这个问题答案的道路都困难重重。也许它们后来会在另一个宇宙出现?也许我们所处的宇宙就是从前一个宇宙里打开的某个黑洞里产生的?也许,在黑洞中心,一切都消融成了一片可能性之云,在那里时空和物质失去了意义?或者黑洞会散发热量,因为进入其中的物质在无数年后,神秘地变成了热量?

我在马赛的研究小组,和来自格勒诺布尔[1]以及荷兰奈

---

[1] 格勒诺布尔,法国东南部城市,伊泽尔省首府。

梅亨[1]的同事一起，联合探索一种对我们而言更简单也更合理的可能性：物质在到达中心之前速度慢下来，直至停滞。当它被压缩到极限，就会产生一种巨大的斥力，防止它最终坍塌。这与防止电子坠入原子核的"压力"相似：这是一种量子现象。物质停止坠落，形成一种体积极小、密度极大的恒星：一个"普朗克恒星"。然后发生的，就是物质在这种情况下经常发生的一件事，它会回弹。

它像一个掉到地板上的球一样弹起来。像这个球一样，它沿着坠落的轨迹回弹，时间倒流，用这种方式，黑洞将自己转化（通过"隧道效应"，就像我们在行话里所说的那样）成它的反面：白洞。

白洞？什么是白洞？它是爱因斯坦方程式除黑洞外的另一个解，我的大学课本上说"在真实的世界它们是不存在的"……它们是空间的一个区域，那里只有东西出来没有东西进去。它是黑洞的时间倒转。一个向外爆炸的洞。

但是我们为什么只看到物质坠入黑洞但看不到它立刻反弹回来？问题的答案在于时间的相对性，这也是我们要思考的关键点。时间不是在所有地方都以同样的速度流逝。所有物理现象在海平面上都比在山上要更慢。如果我在低处，重力最大的地方，时间会慢下来。在黑洞中，重力极度强大，

---

1 奈梅亨，荷兰东部城市。

黑洞（三）：中心之谜

结果时间就变得极慢。如果我们想象有人冒险进入黑洞里面去看看，在这个过路人看来，那些坠落物质的反弹速度是很快的。但是从黑洞外面看，一切都慢了下来。极慢。我们在极长的时间里看到东西慢慢失去踪影，直至完全消失。从外面看，一切在几百万年里看上去都像是凝固了——这正是我们对在天上可以看到的黑洞的感知。

但是极长的时间并不是无限的时间，如果我们等得足够久，就会看到物质从里面出来。一个黑洞最终也许不过是一颗坍塌后回弹的恒星——从外面看，它的动作极慢极慢。

这在爱因斯坦的理论中是不可能的，但是爱因斯坦的理论也并没有考虑量子效应。量子力学允许物质从它黑暗的陷阱中逃逸。

在多久之后呢？对于坠入黑洞的物质而言只是很短的时间，但对于我们这些从外面观察的人则是极长的时间。

这就是黑洞的完整故事：当一颗恒星，比如太阳，或是比它更大一点的天体，在消耗掉所有的氢气后停止了燃烧，热量不再产生足够的压力来抵消它的重量。这颗恒星就会向内坍缩，等到它足够重，就会产生一个黑洞然后坠入其中。一颗太阳那么大的恒星，也就是说比地球大几千倍的恒星，会产生一个直径为 1.5 千米的黑洞。想象一下：整个太阳被压缩到像山麓小丘那样大的体积中。这些是我们能在天空观察到的黑洞。恒星的物质在其中继续行进，进入得越来越深，直到它到达了压缩的极限，而后回弹。恒星的全部体积被压缩进了一个分子的空间中。这时量子斥力开始起作用，恒星立即回弹，开始爆炸。对于恒星而言，只是过去了一秒钟的百分之几。但是由巨大的引力场导致的时间膨胀如此强烈，以至于当物质重新出现在宇宙的其他地方时，百亿年的光阴已经过去了。

实际情况果真如此吗？我不确定。我觉得很可能是这样。其他的选项在我看来都没有这个合理。但我可能是错的。然而，努力去弄清楚这个问题真的让人很快乐。

（《24小时太阳报》周日版 2014年8月24日）

基普和引力波
Kip and Gravitational Waves

故事开始于1915年,在第一次世界大战期间,阿尔伯特·爱因斯坦发表了他那个奇怪理论的方程式,宣称我们所处的空间可以像硬橡胶一样变形,彼时他已被公认为世界最重要的物理学家之一。

他马上又补充说,空间可以像小提琴的琴弦或一根铁棒一样振动,传递出某种波。方程式发表后不久,他改变了想法,写了一篇文章否认这种波的存在。然后他又改变了主意,又写了一篇文章说,是的,它们应该还是存在的。

几十年来,困惑的物理学家们一直在争论引力波究竟是否存在。理查德·费曼[1]认为它们确实存在。其他人不同意,理由是如果空间会振动,我们也将和它共振,因此不会感知到这种振动……

直到20世纪60年代,距离爱因斯坦为这个问题困惑已

---

[1] 理查德·费曼(Richard Feynman, 1918—1988),美籍犹太裔物理学家,加州理工学院物理学教授,1965年诺贝尔物理学奖得主。

40 年，事情才弄清楚。一位名叫赫尔曼·邦迪的奥地利裔英国理论学家证明，用引力波煮沸一小锅水，从理论上说是可能的，最终所有人都被说服了。这个理论预测了空间可以传播类似于电磁波那样的振动，它们是空间里的涟漪，就像风吹过湖面泛起的波纹一样。

这个问题一旦澄清，另一个问题就出现了：这些穿梭在星际空间中的引力波，是否可以在现实中被观测到。一位名叫约瑟夫·韦伯的美国物理学家，建造了一个巨大的金属圆柱体，他的想法是空间中的波会导致它振动，他也相信自己看到的正是这种波动。但他没能说服其他人，后来变得日益孤立和暴躁。而到了今天，针对引力波的研究已全面展开。

意大利处在引力波研究的前沿。伟大的罗马物理学学派的奠基人爱德华多·阿马尔迪意识到这项事业的重要性和可行性，于是在意大利推动这方面的研究，探测这种难以捕捉的波。天线的雏形在意大利建了起来——首先在弗拉斯卡蒂，后来在帕多瓦附近的莱尼亚罗。他们一方面沿着韦伯的想法，使用巨大的金属棒，另一方面也尝试了其他方法。

遥想当年，我还是一个胸怀抱负的年轻的物理系学生。在特伦托大学的物理系，我看到马西莫·塞尔多尼奥和斯特凡诺·维塔勒演示一个振动的罐子，里面放着一个超导环，那是天线的另一种雏形。马西莫·塞尔多尼奥后来在莱尼亚罗建造了天线；斯特凡诺·维塔勒现在是引力波探测领域最宏伟的国际研究项目的带头人，这个前瞻性项目名为 LISA，是由太阳轨道中运行的卫星构成的复合天线……

但最终事情明朗了，探测引力波最有希望的技术是"干涉仪"：两束呈 90 度的激光，就如呈直角的两条手臂。如果一束波通过，一条手臂会拉长，另一条缩短，引力波信号便可以被观测到了。

在世界各国，建造类似天线雏形的项目一个接一个开展，但是它们要求的敏感度非常高，远远超出了目前的技术能力。我们需要在数千米的距离上，测量远低于原子尺度的微小变化。20 世纪 90 年代初，我还是美国的一个年轻教授，理查德·伊萨克森来到匹兹堡，我当时在那里工作。理查德当时负责美国国家科学基金会中的引力物理学项目，这个机构负责分配科学研究基金。他正在考虑是否为引力波项目投入资金，项目提出的目标是在 5 到 10 年的时间里探测到引力波。我们两个人在一家小的印度餐馆吃饭。他问我的意见，我说引力波的科学根据是坚实的，这个项目也很有吸引力，但我和其他人有同样的困惑——这种波很微弱，要发展出能够探测到它们的技术，可能需要相当长的时间。我问他，为什么他相信可以在短时间内探测到引力波。他的答案简短而直接：因为信任基普·索恩。基普是世界上最优秀的相对论研究者之一。他在加州理工学院工作，是世界上研究黑洞、中子星等宇宙奇迹的顶级专家，正是这些极端的爆发性事件，造成了宇宙空间的振动，进而让我们探测到事件的余波。

几年后，我在印度召开的一次会议上见到了基普·索恩。会议晚宴结束后，我们在返回宾馆的大巴车上坐在了一起。我问他，是什么给了他自信，让他说服伊萨克森我们能够探测到引力波。基普沉默了一会儿，然后直视着我的眼睛，说道："你不认为我们至少应该试试吗？"这时，我意识到了，在科学中一个优秀扑克牌玩家所下的赌注有多高。

基普现在获得了诺贝尔奖。去年，在他们成功探测到引力波后，我跟他提起我们那次对话。他马上回应说，那不是他的功劳，他只是对雷纳·韦斯和巴里·巴里什有信心，他们都是极具天赋的实验物理学家。

距离我和伊萨克森的那顿晚饭已过去了 25 年，距离我和基普在那辆印度大巴上的谈话也过去了 20 年。这是一场艰苦的扑克牌游戏。它是我许许多多的同事毕生的事业。我们赢了。

（《晚邮报》2017 年 10 月 4 日）

确定性与全球变暖
Certainty and Global Warming

现在，世界各国领导人正在巴黎开会，在降低全球变暖的危害上艰难地试图达成共识。此时，全世界到处都有人发声，认为这是小题大做。他们声称，气候变化完全是不确定的。在我看来，持这一观点的人根本意识不到全球变暖正在给我们造成多大伤害。我认为，他们需要得到直接而明确的回击。

我们对地球未来的气候变化没有绝对把握，这是明显的事实。但如果就因为一种危险不具备数学上的确定性，而声称它不严重，这样的人是愚蠢的。

如果我们发现儿童游乐场地下埋着一枚炸弹，我们不会以"它有可能不会爆炸"为由把它留在那里。如果地窖发生火灾，一个头脑正常的人会去找灭火器，拨打火警电话，从楼里逃出去。谁要是说"火势不一定会蔓延，所以咱们继续平静地吃早饭吧"，那他就是个白痴。而这正是那些辩称问题不严重的人所采取的态度，理由就是我们对气候变化不确定。

冒着说一些不言自明的事实的风险，我来尝试总结下情况。

地球现在确实在经历不同寻常的变暖过程。情况已经很清楚（几年前还不是这样），人类的活动，特别是二氧化碳的排放，导致了全球明显变暖。预测气候的未来变化是困难的。但如果不加干预，预计地球温度在21世纪会升高四至五摄氏度。这将在未来几十年里引发一系列灾难。在历史上，这种规模的温度变化导致过物种灭绝事件的发生。

对于地球而言，跟许多其他变化比起来，这不过是小的波动；而对于人类而言，这将是灾难性的：它可能导致海岸附近和大平原的城市被淹没、大规模的荒漠化、农业生产崩溃、饥荒、大范围的食物短缺、飓风、冲突四处爆发。

我们现在谈的不是保护北极熊，而是我们孩子的未来。

人类活动导致的二氧化碳排放将使问题持续恶化。人类协同行动来降低排放，可以将全球变暖后的温度拉低两摄氏度，从而防止最严重的后果发生，如果无法避免所有后果的话。这是联合国政府间气候变化专门委员会（IPCC）的分析。地球上所有严肃机构在这个问题上已经达成了共识。那些持不同意见的人，无异于坚称恐龙不存在、地球是平的。

我们面临的情况就是这样。我们不掌握确定性。我们可能是错的，但是我们要做出决定。我们可以选择忽视已经敲响的警钟,以"我们不是百分百确定"为托辞不管不顾地继续。那些因为炸弹可能不会爆炸,就将炸弹留在游乐场地下不加处理的人采取的就是这种态度。全世界都相信全球变暖是一个严重风险,否认这一事实,只会让事情变得更复杂,给那些正努力为我们缓解危机的人造成困扰。要知道,问题如此复杂,他们的工作本就已经非常艰难。

(《晚邮报》2015年12月5日)

空间的无限可分性
The Infinite Divisibility of Space

一位对科学感兴趣的优秀哲学家会给科学学科带来新的启发,给对重大科学问题的思考增加概念和历史的深度。这是我读完《芝诺的悖论》后的第一个想法,这本有品位的小书的作者是文森佐·法诺(Vincenzo Fano),一位在意大利乌尔比诺大学任教的哲学家,具备扎实的科学知识。

芝诺也是一位对科学感兴趣的意大利哲学家。2400年前,他在埃利亚教书,就是今天萨莱诺省的奇伦托。法诺的书将他的作品置于当代视角下,他讨论的问题与我研究的核心——理论物理学的问题——接近。

芝诺因为几条论述而被载入史册,即今天广为人知的"芝诺悖论"。用伯特兰·罗素的话来说,这些论述具有"无可估量的敏锐性和深刻性"。它们提出于古希腊思想伟大时代的开端。在之前的几十年,米利都——今属土耳其——自然主义学派的哲学家已经开始意识到,事物不一定像它们表面看起来那样,它们的本性是可以被理性探查和理解的。

在意大利，埃利亚学派的哲学家们，跟随巴门尼德的脚步，将这种直觉推至了极限，他们坚称，真正的现实只是理性建构的现实，并认为所有表象都不属于现实。芝诺提出他的"悖论"作为论据，指出运动是不可觉察的，因此运动只是虚假的表象之一，不是真正的现实。这是一个大胆的想法。

这些悖论中最著名的是阿喀琉斯和乌龟的悖论。阿喀琉斯和乌龟赛跑，阿喀琉斯认为他的奔跑速度是乌龟的10倍，就让对手先跑100米。那么阿喀琉斯要多久才能追上乌龟呢？

在追上乌龟之前，阿喀琉斯需要先把他让出的100米跑出来，这要花一定的时间。与此同时，乌龟也已经跑了一定距离，比如10米。阿喀琉斯需要先到达乌龟的出发点，但是这时乌龟将在他前面10米。在追上乌龟之前，阿喀琉斯需要再跑出这10米，这将需要更多时间。但在这段时间里，乌龟会跑得更远一点，直到永远。因此在追上乌龟之前，阿喀琉斯要跑过无限段的距离，每段都要花费时间。因此阿喀琉斯需要无限段的时间，而这，芝诺认为，就是无限的时间。

换句话说，阿喀琉斯将永远追不上那只乌龟。在我们证明了这不可能之后，如果我们确实又看到阿喀琉斯追上并超过乌龟，结论便是，我们看到的是一个幻象。这就是芝诺的观点。

但这个推理过程是错的。错误在于认为无限个时间段加起来就一定等于无限的时间。这不是真的。要认清这一点，我们只需想想，拿出一根1米长的线，把它截成两个50厘米。然后再把其中一段截成25厘米，然后是12.5厘米，一直截下去，后一次截取的线段总是前一次的一半。如果我们不断截下去，这些线段连在一起会是一根无限长的线吗？显然不是的，因为它们连在一起不会比开始的1米长的线段更长。因此，如果长度段在逐渐变短，那么无限个长度段加起来很容易等于有限的长度。同样，无限个时间段加起来也将会是有限的时间。芝诺的推理错误之处在于，他推断阿喀琉斯跑出的无限个时间段加起来一定是无限的时间。

这一考虑似乎解决了这个问题。在2400年以前，最智慧的头脑似乎都想不到这个解决方法，因为人们后来才接触到无限数字的概念。在几个世纪之后，它们才开始被意大利的阿基米德理解，但是直到现代人们才对该概念有了清晰完整的理解：今天的数学家称之为"收敛级数"。人们对它整体彻底的理解是逐步达到的，因此今天我们可以确凿无疑地说，芝诺关于阿喀琉斯和乌龟的论点是错误的。这就是为什么在读法诺的书之前，我一直对芝诺的悖论兴趣寥寥。

但为什么伯特兰·罗素认为这些悖论具有"无可估量的敏锐性和深刻性"？罗素当然具备相当多的数学知识，而且绝不幼稚。为什么文森佐·法诺这样一个敏锐的哲学家，选择在此时写一本致敬芝诺的书？重点是：我们是否真的确定我刚刚给的答案是对芝诺所提出问题的正确"物理"回答？这真的是阿喀琉斯追赶乌龟后发生的事情吗？他真的跑出了无限个不断递减的长度距离吗？

让我们继续跟随芝诺的思路，换一个方式问这个问题。在学校我们学到，空间是一系列点的集合。但是一个点是没有广延的。两个点、三个点也都是没有广延的。实际上，不管我把多少个点加在一起，我得到的东西都是没有广延的。那么我怎么能通过把点堆在一起得到一个有广延的空间呢？法诺的书，传递知识，充满智慧，博学而详尽，向我们充分阐释了连续空间的概念必然产生的许多困难，绕过它们所需要的理论技巧，以及数个世纪来这些困难引发的思考和反对意见，他把我们带到了这个问题今日版本的门前。

为理解这个问题的深刻性，让我们跟踪另一条历史线索。芝诺有一个朋友名叫留基伯[1]。留基伯是第一个提出原子假说的哲学家，这一思想后来有了长足发展。芝诺非常坚持无限可分性这个观点，受到这个观点面临的困难的启发，留基伯提出了万物是由不可分的物质即原子组成的观点。这个观点极为重要的发展，最终落到他的门徒德谟克里特的肩上，他是有史以来最伟大的哲学家之一。

---

[1] 留基伯（Leucippus，约前500—约前440），古希腊哲学家，原子论创始人之一。

德谟克里特的研究者认为，他写的书没有能够传世是世界文化最大的不幸之一，它们很可能是在"笃信宗教的世纪"受到了审查。如果我们的先祖丢失了亚里士多德的著作而成功保存了德谟克里特的著作，而非反之的话，也许世界会变得更好。

留基伯和德谟克里特探索了物质不是无限可分的观点。将一滴水分成无限个越来越小的水滴是不可能的。水有一个最小的单位：水分子。根据德谟克里特的观点，可以这样理解我们这个复杂多样、异彩纷呈的宇宙，它是由不可分割的物质单位组成的，他称之为"原子"，而万事万物都是原子在空间中的舞蹈。我们首先是在卢克莱修的诗句中发现了德谟克里特的深刻洞见，它激发了现代科学的诞生，在最近也得到了精彩的确认——这是今天所有小学生都会学到的知识：万物是由原子组成的，它不能被无限分割。

那么空间呢？芝诺最初提出的关于空间的无限可分性的问题，今天依然有很大讨论空间。它也是基础物理学理论研究的中心问题。牛顿的物理学认为空间是能够无限分割的。在整个19世纪，数学家得出了更完善的定理来解释这个连续体的特性。正如我已经解释过的，这为芝诺悖论提供了一个可能的答案，也是一个玄奥的答案。在这位来自埃利亚的哲学家那古老深刻的论点中，有某种令人不安的东西，法诺对它进行了恰当的强调。留下的是他提出的那个物理问题：

空间和时间实际上是无限可分的吗？如果能证明情况并非如此呢？

认为物理空间保存着它的连续结构，直到无限，这是合理的吗？直到无限，掉进无限变小的深渊，这是一段漫长无尽的距离……

今天，有迹象表明对芝诺悖论的正确解答在连续体中是找不到的。留基伯和德谟克里特的深刻见解，可能不仅对于物质，而且对于空间本身来说也是正确的。

21世纪的物理学证明了有三个物理常数和宇宙结构相关：光速、普遍引力常数、普朗克常数，其中普朗克常数确定了所谓的量子现象的尺度。将这些常数组合在一起，我们就获得了一个长度，称为"普朗克尺度"。这虽然是一个非常小的尺度（一个原子核的十亿分之一的十亿分之一的千万分之一），但它还是有限的。在这个尺度上我们会看到"量子"现象，最典型的"量子"现象是粒度。举例来说，电磁波的活动行为像一群"粒子"，即著名的"光子"。同样，认为空间在普朗克尺度上也会显示出粒度的特征，这是合理的。空间可能也是由基础的"空间原子"组成的，这让它的可分性成为有限的。

空间的粒度在今天所研究的多个理论中都是一个关键元素。最明确研究它的理论是"圈"量子引力论，我自己的研究正是在这个理论的框架下展开的。在"圈"量子引力论中，一厘米的空间不是连续的，它是一个数量很大然而有限的"空间原子"的组合。因此法诺关于芝诺的论述不仅讨论了那场历史哲学上的辩论，而且为理论物理学提供了用以思考的论点。连续空间的观念必然带来概念上的困难，法诺对此进行了很好的描述，它也许不是思考真实世界的最佳方式。

如果"圈"量子引力论是正确的，阿喀琉斯将不需要跑出无限步才能追上乌龟。我们这位英雄可能需要跑出许多步，但它们的数量将是有限的。

(《24小时太阳报》周日版 2012年6月17日)

空无自性：龙树菩萨
Emptiness is Empty: Nāgārjuna

我们难得碰到一本书，可以影响我们的思维方式。如果碰巧此前我们对这本书一无所知的话，这种情况就更少见了。但这就是最近发生在我身上的事。

我说的不是一本鲜为人知的书。相反，它很有名，被一代又一代的学生们讨论了几个世纪，甚至被奉为圣典。而我压根都没听说过它，我怀疑许多西方人跟我一样，对它的存在一无所知。它的作者名为龙树菩萨。

这是18个世纪以前在印度写成的一个简短、枯燥的哲学文本，已经成为佛教哲学的经典工具书。它的原书名是一个很长的印度单词，它有不同的译法，其中一个是《中观根本慧论》，我读的是哲学家杰伊·加菲尔德的英译本，里面附有他精彩的注释，能帮助我们更好地理解它的语言。加菲尔德对东方思想有深刻认识，但是他的哲学基本训练是盎格鲁-撒克逊的分析传统，他将它和西方哲学联系起来，清晰而具体地介绍了龙树菩萨的思想，这是分析学派的典型特征。

我不是偶然碰到这本书的。之前有好几个人问我:"你读过龙树菩萨吗?"通常是在关于量子力学或物理学的其他根本特征的讨论结束后。就我个人而言,我对将现代科学和古代东方思想联系起来的尝试通常没什么耐心;这种联系总是有点牵强,对两者都是一种简化。但是在最近又被问到"你读过龙树菩萨吗"后,我终于决定翻开这本书,结果没想到大有收获。

龙树菩萨思想的基础是万物自身没有存在。万物都只是通过依存于他物,通过和他物的关系来获得存在的。龙树菩萨用来描述这种存在之缺失的词语是"空性":事物是"空"的,在于它们没有自主的存在;它们只是在作为他物的函数时,在与它们的关系中,以及在它们的视角下,才获得了存在。

举一个好懂的例子,如果我抬头看阴云密布的天空,我能看到一条龙和一座城堡。龙和城堡真的在天上存在吗?答案显然是否定的。它们是云彩的形状和我头脑中的情感和思想碰撞后长出来的。它们自身是空的实在,并不存在。到现在为止,一切都很好理解。但是龙树菩萨又说,云、天空、我们的感情、我们的思想,甚至我们思想发生的场所——我们的头脑,也是空的,它们也只是从与其他事物的相遇中浮现出来的,并不作为自主的实体存在。

那看见了一颗星星的,是我吗?"我"存在吗?不,我也不例外。那么是谁看见了那颗星星呢?没有人,龙树菩萨如是说。看到星星的是那个整体,即那组相互关系的一个组成部分,而我只是习惯性地称之为我自己。他还写道:"语言表达的东西是不存在的。思想的圈是不存在的。"没有终极或神秘的本质,即"我们存在的真正本质"留待我们理解。"我"只是组成它的广大的相互联系的一些现象,它们相互依存。

西方几个世纪来对这个话题的讨论似乎像晨雾一样消散了。

就像大多哲学和科学思想一样,龙树菩萨也区分了两个层面。一重是表面的、传统的实在,有其错觉和视角局限性的面相;另一重是终极实在。但是他把这一区分引向了一个令人意想不到的方向:终极实在,或曰本质,是空,是无。它本身就不存在。

每个形而上学体系都要找一个"第一实体",其他一切都必须基于它而存在:这个根本实体可以是物质、上帝、神、柏拉图的"理型"、主体、能量、经验、语言、解释学循环等。龙树菩萨提出,终极的实体是……不存在的。

在西方哲学中有与它相似的思想,从赫拉克利特到当代哲学中的关系形而上学等。但是龙树菩萨提出的是一个更极端的关系性视角。世界的虚幻性,它的轮回是佛教的一个总主题；完全理解它就会达到涅槃，或者说超脱和至福。但是对龙树菩萨来说，轮回和涅槃是一回事：它们都是空，都不存在。

那么空是唯一的实在吗？它是终极实在吗？不，龙树菩萨写道，每一种视角都只是通过与其他视角的相互依存而存在的，从来都没有一个"终极"实在，而这也包含了他自己的视角：空也没有本质。向来如是。任何形而上学都无法幸存。空就是空。

请不要从字面上理解我对龙树菩萨思想的笨拙总结：我当然没有透彻理解他的思想。但是对我来说，我发现这个视角出乎意料地有用，我一直在想着它。

首先，它提供了一种模式，让我们能够条理清楚地思考量子力学，在这个领域，物体似乎只有在影响其他物体时才会神秘地存在。龙树菩萨显然对量子一无所知，但这并不妨碍他的哲学思想成为有用的工具，为现代的科学发现赋予秩序。量子力学与朴素实在论无法相容，跟任何形式的观念论更扯不上关系。那么我们该如何思考它呢？龙树菩萨提供了一个可能的模型：我们可以在自有实在缺席的前提下思考相互依存性。事实上，真正的相互依存性——这也是他的主要观点——要求我们完全忘掉自有实在。

现代物理学充满了关系性概念，不只在量子领域：物体的速度不是独立存在的，它是在与另一个物体的关系中获得存在的。一个"场"自身是不带电或磁的，它是在与其他东西的关系中才如此的。诸如此类。物理学界长期以来对"终极实在"的寻找，在量子场论以及广义相对论的关系复杂性上遭遇了失败。可能一位古代印度的思想家可以为我们提供一些概念工具，进一步让我们脱离这种执着。我们总能从别人那里学到东西，从那些与我们不同的人；尽管东西方之间的对话持续了一千年，但它们依然还有很多话要对彼此说。就像在所有最好的婚姻关系里一样。

但是龙树菩萨思想的迷人之处超越了现代物理学的难题。它似乎与古典和现代许多西方哲学思想的精华产生了共鸣。但它没有落入许多哲学思想都会掉入的陷阱，即预设一些前提，而长远来看这些前提总是不令人满意的。他谈到现实及其复杂性，而避开了想要发现其基础的概念陷阱。这是一种接近当代反基础主义的语言。它不是花哨的形而上学，而是朴素的清醒。它催生了一种让人深感安慰的伦理态度：理解我们不存在，让我们得以摆脱依恋和痛苦。正是因为人生短暂，不存在任何绝对的东西，它才有了意义。

这就是加菲尔德滤镜下的龙树菩萨。对这本书还有其他不同的阐释。毕竟，它已经被人们研究了许多个世纪。存在对它的多种可能解读不是这本书的弱点。正好相反，这证明了这一非凡的古代文本的活力和雄辩。真正让我们感兴趣的，并不是两千年前一家印度修道院的院长的信仰到底是什么。那是他自己的事。我们感兴趣的是从他的字里行间散发出的思想的力量,以及这些文字如何与我们的文化和知识相遇,并为新思想的产生开拓了空间。因为这就是文化的本质:一场持续不断的,让我们自身变得更加充实的对话,这种对话基于我们的经验、知识,以及最重要的一点,交流。

(《晚邮报》文化副刊 2017 年 12 月 8 日)

第 二 辑

在巨人的肩膀上

科学家亚里士多德
Aristotle the Scientist

不同重量的物体坠落速度一样吗？学校这样教我们：通过比萨斜塔铁球坠落实验，伽利略·伽利雷证明了问题的正确答案是：一样。而在此前的两千年中，所有人都无视这一点，而奉亚里士多德的观点为圭臬，亚氏认为，物体越重，下落速度越快。按照教科书所讲的故事，在弗朗西斯·培根和他的同时代人开始观察自然、挣脱亚里士多德教条主义的桎梏之前，居然没有一个人想到要去检验一下这个结论到底是不是真的，这可是咄咄怪事。这是个好故事，但它有个问题。试着从阳台往下同时扔一个玻璃球和一个纸杯，你会发现，跟这个美丽故事恰恰相反，它们并不是同时落地，而是重一些的玻璃球下落速度更快，就像亚里士多德说的那样。

这个时候一定有人提出异议，说这种情况发生是因为空气——物体在其中坠落的介质。的确如此，但亚里士多德并没有写，如果我们除去所有空气，物体坠落的速度将会不同。他写的是，在我们的世界上，物体坠落速度不同，而这个世界是有空气的。他说得并没有错。他观察自然的态度是专注的,强于那些将事情视为理所当然而不亲自去验证其真伪的一代代老师和学生。

亚里士多德的物理学有很多负面评论。它被认为是建立在先验预设的基础上,脱离了观察,明显地固执己见。这是非常不公正的。亚里士多德的物理学在很长一段时间里都是地中海文明的一个参照点,不是因为它是教条的,而是因为它真的有用。它提供了一个对现实的好的描述,一个有效的概念框架,两千年都无人能够超越。这一理论的核心要点是,在没有其他因素影响的情况下,每个物体都向它的"自然位置"移动:土向下,水要高一点,空气要更高一些,火要再高一些;"自然运动"的速度随着重量增加而增加,随着物体所处的介质密度的增加而降低。这个简明、综合性的理论为一系列多样的现象提供了合理的描述——比如为什么烟会升起,为什么一块木头在空气中会下坠,而在水中会上浮。作为一个理论,它显然是不完美的,但我们应该记住,现代科学中也没有什么是完美的。

亚里士多德物理学有这样的坏名声,部分是伽利略的错,他在自己的作品中对亚里士多德的理论进行了全面而猛烈的攻击,将它的追随者斥为蠢货。他这样做是出于修辞效果的考虑。但是亚里士多德物理学有这样的坏名声,另一个原因是科学文化和人文哲学话语之间愚蠢的断裂。那些研究亚里士多德的人对物理学知之甚少，而物理学研究者对亚里士多德又不感兴趣。亚里士多德著作——比如《天象论》（*On the Heavens*）和《物理学》（*Physics*）——在科学上的杰出成就常常被忽视，尽管"物理学"这个学科就是得名于这本书。

人们忽视亚里士多德辉煌科学成就的另一个更重要的原因，是人们认为像亚里士多德和现代物理学这样两个在相距甚远的文化时空中诞生的思想是没有可比性的，所以我们压根就不必尝试。今天许多历史学家听到有人把亚里士多德的物理学与牛顿的理论相提并论，都会骇然失色。他们认为，要理解真正的亚里士多德，必须把他放在他所处的历史环境下来加以考察，而不是通过后世的概念框架。如果我们的目的是深化对亚里士多德的理解，这个观点可能是对的，但如果我们感兴趣的是理解今天的知识，以及它是如何从过去演化而来，那么重要的恰恰是两个遥远世界之间的关系。

像卡尔·波普尔[1]和托马斯·库恩[2]这样对现代思想有重大影响的科学哲学家和科学史家，都曾强调过知识发展进程中断裂点的重要性。这种抛弃旧理论的"科学革命"的例

---

1 卡尔·波普尔（Karl Popper，1902—1994），生于奥地利，犹太哲学家，被认为是批判理性主义的创始人。

2 托马斯·库恩（Thomas Kuhn，1922—1996），美国科学史家，科学哲学家，代表作有《哥白尼革命》和《科学革命的结构》。

子，包括从亚里士多德到牛顿，从牛顿到爱因斯坦的过渡。库恩认为，在这种过渡性的时期，会发生一种激进的对思想的重构，使之前的思想显得无关紧要，甚至不可思议。它们和后来的思想是"不可通约的"，库恩如是说。波普尔和库恩二人对于科学的演进一面及断裂点重要性的重点关注值得赞赏，但是他们的影响也导致了一种对知识的渐进积累一面的荒唐贬低。更糟的是，它导致人们认识不到每一个重要历史节点前后理论之间的逻辑和历史关系。牛顿的物理学完全可被看成是爱因斯坦广义相对论的一种近似；亚里士多德的理论也能被清晰地辨认为牛顿物理学中所包含的一种近似。

这还不是全部，因为在牛顿的理论中辨别出亚里士多德物理学的特征还是可能的。举例而言，将一个物体的"自然"运动与"受迫"运动区分开来这一伟大观念，不管是在牛顿物理学中还是在后来爱因斯坦的理论中，都没有改变。发生变化的是重力所扮演的角色：在牛顿理论中，重力是受迫运动的原因（自然运动一律是笔直的），而在亚里士多德的理论中，重力是自然运动的一个方面，有趣的是，在爱因斯坦的理论中也是如此（其中，自然运动的轨迹被称为"测地线"，这又回到亚里士多德理论中的自由落体运动了）。科学家们取得的进步既不是纯粹知识累积的结果，也不是通过绝对的革命，在革命中所有一切都被抛弃，我们再次从零开始。奥图·纽拉特[1]曾有过一个精妙的比喻，后来被蒯因[2]频繁引用，他说，"科学家就像是一群必须在大海中间重建船只的水手，无法从零重新来过。一根梁被拿走，一根新的必须马上放在那里，为此整艘船都必须作为后备。通过这种方式，这艘船可以完全被塑造成一条全新的船，但只能通过逐步的重建"。在现代物理学这艘大船上，我们依然能够辨识出它古老的结构——比如自然运动和受迫运动之间的区别，就像在亚里士多德思想这艘旧船上所使用的结构一样。

让我们回到那些从空中或水中落下的物体，看看到底发生了什么吧。这种坠落既不像亚里士多德所言，是匀速而且和重量相关的，也不像伽利略所说，是恒加速度而与重量无关的（即使我们忽略摩擦力，它也不对）。一个物体坠落时，它要经历几个阶段，初期它的速度越来越快，而后稳定下来，以恒定速度坠落，物体越重这个速度就越快。亚里士多德对第二个阶段进行了很好的描述。而第一个阶段通常持续时间非常短暂，很难观察，因此也没有引起他的注意。第一个阶段的存在很久以前就有人注意到过：例如公元前3世

---

1 奥图·纽拉特（Otto Neurath，1882—1945），奥地利科学家、哲学家、社会学家及经济学家，物理主义的创始人之一。在因纳粹而被迫逃离到英国前是维也纳社交圈的知名人物。

2 蒯因（Willard Quine，1908—2000），美国哲学家，逻辑学家，逻辑实用主义的代表。20世纪最重要的哲学家之一。著有《语词和对象》《本体论的相对性》等。

纪，兰普萨库斯的斯特拉图[1]就注意到，水流在下坠中会破碎成水滴，这表明水滴坠落时会加速，就像排成长龙的车队在车加速前进时会断开一样。

为了研究这第一个阶段，因为一切发生得太快所以难以观察，伽利略设计了一个聪明的方法。他没有直接观察坠落的物体，而是看着球从一个平缓的斜坡上滚下来。他的直觉是，球这样"滚落"再现了自由坠落的形态，这在当时很难证明是正确的，但实际上却是有充分根据的。伽利略以这种方式得到了这样的记录，即在坠落伊始，恒定的是加速度，而不是速度本身。伽利略成功地揭示了我们的感官几乎察觉不到的细节，这是亚里士多德的物理学没有做到的。这也和爱因斯坦在20世纪初做出的那个观察类似，当时爱因斯坦想要超越牛顿，他发现如果仔细观察，会看到水星的运动轨迹和牛顿计算出的轨道并不完全相符。上述两个例子都说明了一点，颠覆性的发现往往始于察觉细节。

爱因斯坦对牛顿所做的，也是伽利略和牛顿对亚里士多德所做的。爱因斯坦证明了，尽管牛顿的物理学有广泛的适用性，但它也仅仅是种好的一阶近似。今天，我们知道甚至爱因斯坦的理论也并不完美，当量子物理也被纳入考虑之后，它就不成立了。爱因斯坦的物理理论也要改进，但我们

---

[1] 兰普萨库斯的斯特拉图（Strato of lampsacus，约前335—前269），古希腊哲学家，亚里士多德的学生。

还不确定该怎么改。

伽利略建立自己的新理论，不是通过反抗某种教条，也不是完全抛弃亚里士多德。相反，正是基于对亚里士多德的深入了解，伽利略才找到了修正亚氏所构建的理论大厦的方式，他和亚里士多德之间并非"不可通约"，而是在对话之中。我认为，不同文化、个人和民族之间的边界也是如此。今天我们经常会说，不同的文化世界之间是不可渗透、不可翻译的，而事实并非如此。事实正好相反：理论、学科、时代、文化、民族和个人之间的边界互相渗透的程度是很高的，我们获取知识也正是通过在这种高度互渗的光谱之内的交流。我们的知识是这种密集的交流网络持续发展的结果。最吸引我们的也正是这种交流：去比较，交流思想，去学习，在差异中构建。要互相融合，不要彼此分离。

公元前4世纪的雅典和公元17世纪的佛罗伦萨有很大不同。但其间没有根本上的断裂，没有误解。正是因为伽利略知道怎么跟亚里士多德对话，深入他物理学的核心，才找到了那个狭窄的入口，去修正和改进他的理论。在伽利略晚年写的一封信中有过这样美妙的表述："我敢说，如果亚里士多德能够再回到这个世界，他会接纳我成为他的弟子，原因正是我对他法则的这一点反驳。"

（《晚邮报》2015年10月19日）

炼金术士牛顿
Newton the Alchemist

1936年，苏富比举行了一场拍卖活动，拍卖品是艾萨克·牛顿爵士一批未发表的手稿。拍卖价格不高，9000英镑，相比之下，同期一幅鲁本斯和伦勃朗的画作可以拍到140000英镑。著名经济学家约翰·梅纳德·凯恩斯也参与了竞拍，他是牛顿的忠实仰慕者。凯恩斯很快发现，这些手稿很大一部分都在讨论一个话题，绝少人能想到牛顿会对它感兴趣，那就是，炼金术。他开始收集牛顿在这个话题上所有未发表的手稿，很快便意识到，这位伟大的科学家对炼金术的兴趣不是偶发和短暂的，他在这方面的兴趣是持续终生的。"牛顿不是开启理性时代的第一人，"他总结道，"他是最后一个魔术师。"

1946年，凯恩斯将他收藏的牛顿手稿捐给剑桥大学。炼金术士牛顿，这和他作为科学之父的传统形象如此格格不入，大部分历史学家在研究中都避开了这个话题。直到这几年，越来越多的人开始对他痴迷炼金术感兴趣。今天，牛顿关于炼金术的很大一部分文字被印第安纳大学的研究者放到了网上，所有人都能读到。它们在今天依然能够引发讨论，给他的后世声名蒙上了一层令人迷惑的色彩。

牛顿是现代科学的核心人物。他能取得如此显赫的地位，凭借的是他杰出的科学成就：力学上发现万有引力理论、光学上发现白光由多种色光组成、创立微积分。直到今天，工程师、物理学家、天文学家和化学家还在用他写的公式和他提出的概念。更重要的是，今天我们称为现代科学的求知方法正是由牛顿创立的。他的成就是建立在其他科学家取得的成果和思想基础上的，比如笛卡儿、伽利略和开普勒等，这一传统可以追溯到古代；但我们在他的著作中找到了我们今天所谓的"科学方法"的现代形式，这立刻催生了一系列卓越的成果。所以，牛顿被称为"现代科学之父"是实至名归的。那么炼金术与这到底有什么关系呢？

有人认为，这些反常的炼金活动证明牛顿有早衰引发的精神疾病。还有人为了自己的目的，试图将牛顿列入科学理性主义局限性的批判者行列。

而我认为，事情根本没那么复杂。

关键的一点是，牛顿从没发表过任何关于炼金术的文字。虽然有很多手稿显示出他对这个主题的兴趣，但是它们都没有被发表过。对此有一个解释，炼金术早在 14 世纪的英国就是非法活动。但是，禁止炼金术的法律在 1689 年时已被废除。而且，如果牛顿如此担心违反法律和惯例，他就不会成为今天的牛顿了。还有人把他描述成一个魔鬼式的人物，尝试获取非凡的终极知识，只供他一人独享，来提升自己的力量。但牛顿确实有过很多卓越的发现，并且他没有私藏，而是选择了公开发表，他的大作如《自然哲学的数学原理》，里面的力学方程直到今天还被工程师用来建造飞机和大厦。牛顿在生前就荣誉加身，备受世人尊敬。他是英国皇家学会的会长，那是世界顶尖的科学团体。知识界都在渴望着他发表成果。他为什么不发表这些研究炼金术的文字呢？

答案很简单，我相信这个答案能解开所有谜团。他不发表的原因是，他没有得到任何他认为可以令人信服的结论。今天，根据定型的历史结论，我们可以很轻松地说，炼金术无论在理论还是实证层面的根基都很薄弱。但是在17世纪得出这个结论并不容易。当时许多人都在实践和研究炼金术，牛顿曾认真尝试理解其中是否包含知识的有效形式。如果他在炼金术中找到了某种能经受住他自己所倡导的理性和实证研究方法检验的知识，无疑他会发表他的成果。如果他成功地从杂乱无章的炼金术世界中提取了某种可被称作科学的知识，那我们今天一定能够读到牛顿关于这个主题的大作，就像我们读到他写光学、力学和万有引力的书一样。但他没有成功，所以他什么都没有发表。

这是否从一开始就注定是徒劳无功的呢？这个项目是否压根就不该开始呢？恰恰相反，炼金术提出的许多关键问题，它发展出的许多方法，特别是关于化学物质互相转化的思想，催生了一门新学科，那就是化学。牛顿没有能够迈出跨越炼金术和化学之间的关键一步。这要靠下一代的科学家来实现，比如拉瓦锡。

印第安纳大学放到网上的文本清晰地显示了这一点。的确，里面使用的语言是典型的炼金术式的，包括隐喻和典故，隐晦的暗语和奇怪的符号。但它描述的很多过程不过就是简单的化学反应。比如，他描述了硫酸、硝酸、"盐之魂"（盐酸）的生成。按照牛顿的步骤，合成这些物质是可能的。牛顿给他这些尝试取了一个很有联想意味的名字："化学"（chymistry）。后来，后文艺复兴时期的炼金术强烈主张用实验来验证观点。这就已经开始向现代化学发展了。牛顿认为，在炼金术配方的谜团之中隐藏着（"牛顿意义上"的）现代科学，他试图促成它的出现。他用了很多时间潜心研究，但是他没有成功找到那条解开谜团的线索，所以什么都没有发表。

炼金术不是牛顿唯一奇怪的追求和兴趣。从他的文件中我们能看到另一个可能更引人入胜的兴趣：牛顿用了很大精力重建《圣经》年表，尝试为经书中写到的事件确定日期。而从他的手稿所提供的证据来看，结果并不令人满意，我们

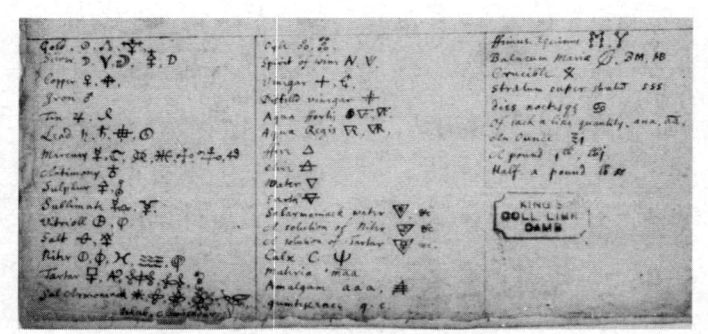

牛顿手稿内页，包含一系列炼金术符号

这位科学之父估计，世界的起源不过是在几千年前。为什么牛顿会沉迷于这种追求呢？

历史是一门古老的学科，和赫卡塔埃乌斯[1]一起诞生于米利都[2]，而希罗多德[3]与修昔底德[4]取得的成就标志着它的完全成熟。今天的历史学家和他们的古代同行所做的工作之间

---

1 赫卡塔埃乌斯（Hecateus，前550—前476），古希腊米利都的历史学家、旅行家，为最早的伊奥尼亚编史家之一，他通过散文记述往事。他所著的《指南》曾被希罗多德广泛引用，还著有《族谱》等作品，把诸家族追溯到神话时代，现仅存片段。
2 米利都是位于安纳托利亚西海岸线上的一座古希腊城邦，靠近米安得尔河口。
3 希罗多德（Herodotus，约前484—前425），伟大的古希腊历史学家，史学名著《历史》一书的作者，被西塞罗称为"历史之父"。
4 修昔底德（Thucydides，约前460—约前400），古希腊历史学家，公元前424年任雅典将军，著有《伯罗奔尼撒战争史》。

存在一种延续性,即在采集和评估历史线索上所必需的批判精神(赫卡塔埃乌斯在书的开头这样写道:我写下在我看来是真实的事情,因为希腊人讲的故事在我看来有很多自相矛盾、荒诞不经之处)。不过,由于需要确定历史事件的精确日期,当代历史学呈现出一种量化特征。而且,今天的历史学家进行批判性工作,必须将所有源数据都考虑在内,评估它们的可靠性,衡量所能得到的信息之间的关联度。这种对源数据的评估和经过权衡的选择性采纳,让历史事件的重建变得极为可靠。而这种定量的书写历史的方式,就始于牛顿关于圣经年代学的研究。在这一工作中,牛顿的做法已经非常现代,即基于我们所能掌握的繁多、不完整和可靠性不一的源数据,找到一种方法,对古代历史的年代确定进行理性重建。牛顿首先提出的概念和方法,其重要性在后来体现出来,但他没有得出完全令人满意的结论,所以他在这个题目上也什么都没有发表。

这两件事都不应该让我们偏离对理性主义者牛顿的传统看法。相反,这位伟大的科学家是在努力解决真正的科学问题。没有迹象表明,牛顿会混淆真正的科学和魔法,或者未经检验的传统和权威。恰恰相反,他是现代科学家的先驱,面对新的科学研究领域时头脑清晰,当他成功得到清楚和重要的成果时就会发表,如果没有得到就不发表。他才华横溢,无人能及,但他也有自己的局限性,跟所有人一样。

我认为，牛顿的天才正在于他意识到了这些局限性，即吾生也有涯，而知也无涯。而这也正是他所催生的科学的基础所在。

（《晚邮报》文化副刊 2017 年 3 月 19 日）

哥白尼和博洛尼亚
Copernicus and Bologna

1497年1月6日,一个波兰年轻人付了9枚格罗索银币,注册了博洛尼亚大学的一个学位,他的签名是"来自托伦的尼古拉·哥白尼少爷"。他在意大利求学六年,先后去了博洛尼亚、帕多瓦、罗马和费拉拉,最后回到波兰,余生致力于建立一种新的宇宙模型。他后来写了一本书来解释这个新构想,书名是《天体运行论》,这是人类历史上最重要的作品之一。正是这本书,让人类这个物种第一次意识到自己不是宇宙的中心。他们目瞪口呆地发现,自己所栖居的不过是一个边缘行星,绕着一个无足轻重的恒星运转,而他们所处的星系不过是浩渺宇宙中数十亿个星系中的一个。

在意大利的求学岁月,对哥白尼有怎样的影响,让他日后能够做出这个让我们文明有跨越式发展的重大发现?

我认为答案有二。哥白尼在意大利发现了两大宝藏。第一,他发现了书籍,它们就像宝箱一样,装满了人类积累的所有知识。他发现了托勒密的《天文学大成》和欧几里得的

《几何原本》,这两部书总结了古代天文和数学知识的精华。第二,他发现了多梅尼科·玛丽亚·诺瓦拉这样的意大利天文学家,二人后来相交甚笃,诺瓦拉知道该如何阅读这些文献,并把这些文献推荐给了他。他还学习了希腊语,能够阅读希腊语书籍,很可能他就是在那些书中遇到了阿利斯塔克关于太阳是宇宙中心的观点,他还接触到了一些阿拉伯语手稿,可以研究前人对提出于一千年前的托勒密天文学体系进行修正的尝试。

但是,这些丰富的文化遗产几百年来一直都在。印度、波斯、阿拉伯和拜占庭的天文学家都能接触到并且也都读过这些文献,但没有一个人知道如何使用这些文献来提出那个关键的发现,即我们并不生活在宇宙的中心。哥白尼一定还有其他一些东西,一些额外的东西,来让他实现这伟大的一跃。究竟是什么呢?

哥白尼在意大利求学期间,23岁的米开朗琪罗完成了他的《哀悼基督》,莱昂纳多·达·芬奇进行了飞行器实验,完成了画作《最后的晚餐》。意大利人文主义那崭新的、光彩照人的文化热情正在意大利的大学和洛伦佐·德·美第奇等望族的宫廷中激荡,这种热情催生了文艺复兴运动,到处都是这样的声音,"青春是多么美丽,但又转瞬即逝!让追求幸福的人们享受它吧,明天除了不确定性,什么都不能给予……",这在不久之前还是不可想象的。人们充满迸发的热情，要创造一个完全不同于过去的新未来，这激发了人们去研究古代文献，重新发现被尘封的知识，人文主义者为此深深着迷。

彼特拉克在前一个世纪伊始这样写道："过去的作品就像花朵一样，蜜蜂从中采集花蜜，酿出香甜的蜂蜜。"在15世纪和16世纪之交的意大利，蜂蜜真的开始四处流淌了。时代精神中蕴含了一个影响深远的入口，通往一个焕然一新的未来，这从那一时期的艺术作品中清晰可见。它是不折不扣的对另一个世界的信仰，和中世纪结构整饬、等级分明的精神宇宙大相径庭。思想自由，追求和坚持个人思想的勇气，对中世纪宏大、僵化的思想体系的反抗：这种创新的精神，这种反叛既定状态的精神，是哥白尼在支付9枚格罗索银币注册进入博洛尼亚大学后就将享用到的伟大思想资源。在意大利，他不只发现了欧几里得、托勒密和亚里士多德，他还发现了这些人的伟大知识是可以被革新的。

我认为这两重体验是一所伟大的大学可以提供给我们所有人的。

对我来说，在博洛尼亚求学的岁月中，我发现了一些非凡的思想和文本，比如爱因斯坦的作品，还有保罗·狄拉克影响深远的著作《量子力学原理》，它是这个领域的奠基之作。我遇到保罗·狄拉克是因为我应用数学课的教授吉多·法诺给我留了一份作业，研究群论在量子力学上的应用，彼时我对这个领域一无所知。所以我就开始了研究——这个题目让我感到入迷，对它的兴趣持续至今。在博洛尼亚发现的这一思想宝藏，对我的影响是重大的。

在博洛尼亚我还发现了另外的东西，我到那里求学是在20世纪70年代，我在那里邂逅了我同时代人的精神，我们这代人一心致力于改变一切，梦想创造新的思考、共同生活和爱的方式。曾经有好几个月，大学都被参与政治活动的学生占领了。我认识了几个爱丽丝电台的朋友，这个独立电台后来成了学生反叛的发声平台。在共住的房子里，我们这些年轻人梦想着一切从零开始，从头开始重新建造世界，让它变得不同，变得更加公正。毫无疑问，这样一个幼稚的梦想注定会在庸常生活的惰性和无所作为面前遭遇挫折。但它也是哥白尼在文艺复兴伊始在意大利遇到的梦想。这个梦想不仅是莱昂纳多·达·芬奇和爱因斯坦的，也是罗伯斯庇尔、甘地和华盛顿的，纯粹的梦想经常让我们狠狠碰壁，很多时候也会走上歧途，但没有这个梦想，我们就不会有今天世界上我们拥有的最美好的事物。

今天，大学能给我们提供什么呢？它同样能提供哥白尼当年发现的宝藏：历史上人类知识的厚重积累，以及那个解放头脑的观点，即知识可以被改变，也是应该不断改变的。我认为，这些是一所大学的真正意义所在。在这座宝库中，人类知识得到精心的保护，它提供的命脉，是我们对这个世界的一切知识以及我们想做的一切之所系。但它也是孕育梦想的地方,在那里我们有年轻人的勇气来质疑那些知识,为了往前走,为了改变世界。

(《24小时太阳报》周日版 2015年6月19日)

布鲁诺·德福内梯：不确定性不是我们的敌人
Bruno de Finetti: Uncertainty is Not Our Enemy

有什么是我们确凿知道的呢？科学哲学的一个重要分支日益倾向于一个答案，它的源头可以追溯到一位不甚有名的意大利人的著作中，他就是布鲁诺·德福内梯。

德福内梯1906年出生于奥地利的因斯布鲁克，父母是意大利人。他大学就读于米兰理工大学，1936年在一场数学教授职位的竞争中胜出，但却因为法西斯政府颁布的一条法律而未获任命。当时法西斯政府提倡人民为国家多生育，未婚教授被禁止在大学任职。所以直到战后，他才成为一名讲师，先后在的里雅斯特和罗马任教。他的研究兴趣集中在数学中的概率论，贡献了以他名字命名的定理。但是他的思考范围远不限于此，从政治学到教学法，都涵盖在他的思想疆域内，他最独创的贡献是在知识论领域。他在这个领域的思想在当时被认为是颠覆性的，今天已经成为科学的一个关键参照点。

对于"有什么是我们在这个世界上绝对确凿地知道的"

这一问题，德福内梯给出的答案是：什么都没有。这个答案本身没什么特别的，古希腊哲学家伊利斯的皮浪[1]以及现代最伟大的一些哲学家比如大卫·休谟[2]都曾以不同形式给出过同样的答案。但是德福内梯敏锐地抓住了人类知识的本质，指出尽管没有绝对的确定性，它仍能够以一种严格而可靠的方式发展，得出可被证成，而且最重要的是，可被共享的信念。

19世纪末期，我们迎来了科学思想及其应用全面胜利的时代。科学似乎能够提供一种具体的知识：牛顿和麦克斯韦发现了控制我们世界的终极法则。逻辑实证主义者致力于通过对世界的直接观察，分析得出科学获得真理的方式。但是它很快遭遇了严重的问题，比如人们意识到所有观察都已经受到理论偏见的影响，所以压根不存在所谓"纯粹"的观察。20世纪在物理学领域发生的革命告诉我们，即使是那些大获成功、被充分"证明"的理论，比如牛顿和麦克斯韦的理论，也可能仅仅是近似真理，而非真理本身。我们科学知识的特点是历史的和进化的，而非确定的，这一点被托马斯·库恩这样的科学史家所强调。奥地利哲学家卡尔·波普尔颠覆了实证主义希望，他指出，科学的定义性特征不在于它的理论被证明是正确的，而只在于它们可能会被证明是错误的，这个观点深刻影响了科学家们。理论只有在没有被

---

[1] 皮浪（Pyrrho，约前365—约前275），古希腊哲学家，怀疑论的创始人。
[2] 大卫·休谟（David Hume，1711—1776），英国哲学家、经济学家、历史学家。

"证伪"之前才是正确的。这意味着没有什么事实是我们可以确凿无疑知道的。

那么，如果缺乏绝对的确定性，知识的价值又何在呢？德福内梯的伟大之处就在于，他发现了我们在缺乏绝对确定性的情况下，要怎样获得可以共享和可靠的知识。他的洞见是，概率和可能之物具有主观性，但知识具有趋同性。使之成为可能的关键是一个巧妙的定理，这个定理由18世纪的英国数学家托马斯·贝叶斯提出。贝叶斯证明了两件事，第一，每一个新的实证证据都修正了既有信念的概率。第二，也是很关键的一点，这些修正如何引导我们的信念逐渐趋于一致，即使它们一开始是不同的。

一个命题的概率指的是我们对此命题在多大程度上为真所做的评估，它是主观的。但是这种概率随着每一个经验而发生改变。贝叶斯的定理告诉了我们这是怎样发生的。如果我的信念包含一个事件很可能发生，而且它也的确发生了，那么我的信念就加强了。反之，我的信念就削弱了。如果我相信大多数恒星都有行星环绕，那么每看到一颗新的恒星有相伴的行星，我的这一信念就会加强。贝叶斯的定理用量化的方式解释了这一点。定理指出，如果我们允许真实事件以相似方式影响我们的信念，那我们的信念最终会趋于一致：因为它们大体上都会被经验证成。以这种方式，我们的知识——不管是科学的还是个人的，历史的还是地理的——都可以非常可靠，有充分合理的依据，而不必要求绝对的确定性。

这是科学知识运作方式的关键。我可以说，地球很可能是平的而非圆的，你可以持相反意见。但是当我们渐渐一起注意到：在出现月食时，地球投射在月亮上的影子是圆的；越往北走，北极星在天空的位置就越高；麦哲伦跟着太阳走，环绕世界一圈，最后回到了欧洲，等等，地球是平的这个命题成立的概率就越来越小，直至微不足道。这种思维方式从不要求我们谈论绝对确定性，以及终极的结论，因为这将阻碍我们最终理解和真正扩展我们的知识，但它仍然让我们在一系列高度可靠的想法上趋于一致，我们的知识正是由这些想法组成的。

让我们读读德福内梯笔下这段优美的文字，其文风让人隐约联想到战前时期：

> 科学通常被理解为绝对真理的发现者，因此很自然，它会因缺乏绝对真理，而成为幻灭之源。如果我们仰望的这尊代表完美、永恒和普世的科学的冰冷大理石神像轰然倒塌，我们在它旁边会突然发现一个活物，那是由我们的思想自由创造出来的"科学"。一个活着的实体：我们的肉中之肉，我们痛苦的结晶，与我们共同挣扎的同伴……

在英语世界，是由于英国哲学家弗兰克·拉姆齐的努力，

20世纪初的时候人们才开始严肃对待关于概率的主观阐释。而直到更晚的20世纪50年代,德福内梯对这一问题所做论述的重要意义才得到承认。美国哲学家伦纳德·萨维奇在英语世界传播了他的声名,说自己学意大利语就是为了可以和德福内梯对话,直接向他学习。今天,德福内梯已闻名世界,但在意大利仍未得到应有的承认。他的手稿被集中收藏在匹兹堡大学内世界顶尖的科学哲学中心。这些文件得其所哉,因为德福内梯是那种超越国界的意大利知识分子,他思想开放,没有陷入在意大利长期占据主流地位的知识传统(即克罗齐式观念论,德福内梯称之为"胡说八道的哲学")的桎梏,以及黑格尔哲学遗产的影响。循着伽利略创立的意大利伟大传统,德福内梯成功使得技术—数学知识和人文—哲学知识汇合一处。他以主观概率的概念为中心,将古典经验主义(以休谟为代表)和实用主义(以皮尔士和詹姆斯为代表)创造性地结合在一起,其影响力正在日益扩大,特别是在科学哲学领域,它为波普尔思想的局限性提供了一种优雅和有说服力的解决方案。德福内梯的思想远远超前于他的时代。早在1931年,他就发表了那篇奠基性的论文《盖然论:对概率理论和科学价值的批判分析》,但直到半个多世纪以后的1989年,它才被翻译成英文。他的著作《真理的发明》,虽然早在1934年就写完,但直到2006年才得以面世,这还要感谢他的女儿弗尔维娅做出的宝贵努力。这种滞后的部分原因，无疑是因为法西斯主义不能接受对真理的质疑。

1968年，德福内梯指责他的同事势利地忽视学生，一反常规地表态说："学生从来都应该被聆听。"1977年，我有幸和他有了同样的经历：我们都被指责煽动犯罪行为，有颠覆分子的嫌疑。我们都躲了起来，又都被人告发。德福内梯的反应聪明而有风度，他放出消息给警方，说他愿意在意大利最古老、最负盛名的科学组织——山猫学会的大门口被捕，他本人就是山猫学会的会员。他被指控的罪名是写文章支持意大利国内拒服兵役的行动。

从德福内梯的思想中我们可以得到一个深刻的启示，我相信它和我们所有人都有关系，影响着我们的日常生活、精神生活和我们作为公民的生活，那就是，我们无法摆脱不确定性。我们可以削减它，但我们不能让它消失。所以我们不应该将不确定性视为某种梦魇。相反，我们要接受它，认识到它可能会和我们相伴终生。最终我们会发现，它是一个和善的好同伴。正是概率让生活变得有趣。正是因为概率的存在，我们经常邂逅意想不到的事情。正是概率让我们可以不断接受更多的知识。我们生而有涯，我们总有一死，我们要学着接受自己知识的局限性，但我们依然可以通过努力学习，来寻找这种知识的根基。这不是确定性。这是可靠性。

(《晚邮报》2016年11月7日)

爱因斯坦的许多错误
The Many Errors of Einstein

毫无疑问，阿尔伯特·爱因斯坦是20世纪最伟大的科学家之一，他比其他任何人都更深刻地洞悉了自然的奥秘。但这是否意味着他所做的一切都是正确的，他从来没有犯过错误？答案正好相反。

事实上，科学家中几乎没有人比爱因斯坦犯的错误更多。几乎没有人像他那样频繁地改变想法。我说的错误不是他在日常生活中所犯的那种，那些都取决于你如何看待，而且说到底是他自己的事。我说的错误是真正的科学上的错误：错误的观念、错误的预测、漏洞百出的公式、连他自己后来都推翻的，也确实证明是不成立的科学论断。

我来给你举几个例子。今天我们知道宇宙是不断膨胀的。当年，比利时物理学家乔治·勒梅特运用爱因斯坦的理论得出了这个结论，但是爱因斯坦却认为这非常荒谬，直到20世纪30年代天文学家观测到宇宙确实在不断膨胀，爱因斯坦才不得不承认自己错了。他的理论引出的另一个结论是黑洞的存在,他在这个题目上写了好几篇错误的文章,声称宇宙在黑洞边缘结束。引力波的存在也源于爱因斯坦的理论,我们现在对此已有一些坚实的间接证据[1]。爱因斯坦起初写道引力波是存在的,然后又声称它们不存在——实际上是曲解了他自己的理论,后来才又改变想法,接受了这个相反的、正确的结论。

爱因斯坦在写出他的狭义相对论公式时,并没有用到时空这个概念。这个概念,也就是四维时空连续体的概念,实际上是由赫尔曼·闵可夫斯基提出的,他用这个概念重写了爱因斯坦的理论。当爱因斯坦得知闵可夫斯基的工作之后,他坚持说,这不过是对他的理论做一种无意义的数学上的复杂化,但很快,他就完全改变了想法,正是借助时空概念,他才提出了广义相对论场方程。

关于数学在物理学中扮演的角色,爱因斯坦频繁地改变自己的观点。在爱因斯坦的一生中,他所主张过的很多观点都是针锋相对的。

在写出他正确的广义相对论方程式之前,爱因斯坦曾发表过一系列文章,全部都是错的,每篇文章里,他都会提出不同的错误方程式。他甚至还出版过一部复杂详尽的著作,论证这个理论不可能达成某种对称,而后来他却将这种对称

---

[1] 这篇文章发表5个月后,2015年9月14日,人类首次直接探测到引力波。接着在2017年,三位科学家因引力波研究获得诺贝尔物理学奖。——原书注

作为他理论的基石。

晚年的爱因斯坦固执地想要建立一个将重力和电磁力统一起来的理论,但他没有意识到,电磁力是一个更宏大理论(弱电统一理论)的组成部分,这一点不久后被认识到,所以爱因斯坦将它和重力统一起来的工作是毫无意义的。

爱因斯坦在关于量子力学的大辩论中也在不断改换立场。起初,他坚称这个理论是自相矛盾的。接着他承认它并不矛盾,但又坚持说,它一定是不完整的,无法描述整个物质世界。

关于广义相对论,在很长一段时间内,爱因斯坦确信,场方程在物质缺席的条件下是无解的,因此重力场是依赖于物质而存在的,直到威廉·德西特等人证明他是错的,他才改变想法,最终将重力场视作一种独立、真实的实体,不依赖于外物而存在。

1917年,爱因斯坦发表了一篇石破天惊的文章,标志了现代宇宙学的诞生。在这篇文章中,爱因斯坦认为宇宙可能是三维的,提出了今天已被证实的宇宙常数,同时他还得出了一个物理学上极端错误的观点,即认为宇宙的大小不会随时间而改变,这造成数学上的一个重大错误。他没有意识到,他写出的解是不稳定的,它不能描述真实的宇宙。结果就是,这篇文章成了重大的革命性新观点与一系列严重错误的奇怪混合。

那么，所有这些错误和观点的游移，是否让我们对爱因斯坦的钦佩因此减损呢？一点也不。而且正好相反。我想，它让我们更多地了解了智慧的本质。智慧不是固执地坚持自己的观点，而是要随时准备好改变，甚至抛弃之前的意见。

要想理解世界，你需要有勇气去尝试，不要害怕失败，要不断修正你的观点，让它们变得更可行，更有效。

那个犯错最多的爱因斯坦，也正是那个比任何人都更了解物质世界的爱因斯坦，这是同一个深刻智慧的互补和必要的两个方面：思想的大胆、冒险的勇气、对既有观点的怀疑——更重要的是，也包括对自己观点的怀疑。

我们要有勇气去犯错误，去改变自己的观点，不是一次，而是反复这样做，只有如此，我们才能有所发现，才能求得真知。

我们不必正确，而要力求真知，这才是重要的。

(《共和国报》2015年4月11日)

希伦王，有人认为，沙子的数目是不可数的 [1]
Some Think, O King Hiero,
That the Grains of Sand Cannot be Counted

我们所处的这个世界有许多文化之根，其中理性的希腊思想和《圣经》文本是最有影响力的两个。自古典时代晚期以降，基督教知识分子就在努力让这两条线索达成和解，结果只能说喜忧参半，直到今天，它们和理性思维的关系对于基督教和伊斯兰教依然还是个问题。是否有这种可能，在耶稣出生之前两个世纪，这一对话的元素就已经存在了呢？在朱赛普·波斯卡利诺最近出版的阿基米德《数沙者》评述及翻译版本中，我们发现了指向这个观点的珍贵迹象。

阿基米德是古典时代最伟大的科学家之一，他生活在西

---

[1] 这是阿基米德《数沙者》的开篇。其中古代最伟大的科学家正在数宇宙中沙粒的数目！他这样做是为了证明沙粒的数量非常大但有限，是可以确定的。古代许多系统并不能处理非常大的数字。在《数沙者》中，阿基米德发展了一种新的计数系统，与我们的指数很相似，并且不只计量了（当然是玩笑性质的）沙滩上有多少沙子，还有整个宇宙沙子的数目，展示了这个方法的威力。

西里，并在生命的最后时刻见证了这里被罗马人占领。阿基米德给我们留下了重要的著作，其中有惊人的数学财富，在近世的科学思想复兴中，它仍然发挥了重要作用，并继续促进了数学的发展，直到19世纪末。

阿基米德这本奇怪的小书《数沙者》也流传了下来，他在书中真的数了沙粒的数目。对于一个科学家而言，这似乎是一件有失尊严的工作。他到底想干什么呢？

实际上，《数沙者》并不是一本科学著作，而是一本更面向大众的作品，我们作此推断，是因为有人提到阿基米德在这方面写过更专业的著作，不过已经佚失了。

《数沙者》要解决的问题是建立一个算数系统。公元前3世纪使用的数字让人无法处理非常大的数字。这种计数系统是希腊的，和罗马的类似，它将10写作X，5写作V。有单独名称的最大数字是10000，它被叫作"1万"，用字母M来表示。至于比这更大的数，因为没有直接书写的方式，所以也没办法使用。阿基米德解决了这个问题，他发展了一个系统，可以算出无穷大的数。这个解决方法就是将1万的1万倍称为"第二级单位"。以这种方式，两个"第二级单位"即是2个"1万的1万倍"，也就是200000000。"第二级单位"的1亿倍被称为"第三级单位"，也就是10000000个十亿。这个解决方法和现代科学中使用的方法相近：我们使用10的幂。

在《数沙者》中,阿基米德演示了这一系统的有用性,估算出了世界上沙粒的总数目。实际上他做得比这更好,他估算出了整个宇宙中沙粒的数目,如果宇宙碰巧会填满沙子的话。

首先,他估算出多少粒沙子能够填满一个芥菜籽,然后多少粒芥菜籽可以填满一个他食指大小的盒子,多少个盒子可以填满整个地球,多少个地球可以填满整个太阳系,最终多少个太阳系可以填进宇宙中(依据当时的天文学结论)。

在计算过程中,他也展示了他所掌握的技术精确性,他可以测量太阳和月亮的直径,以及它们与我们之间的距离,同时也展示了他熟悉的其他天文学知识。

非常有意思的是,他提到了阿利斯塔克的日心说,这比哥白尼的日心说要早15个世纪。计算的最终结果是,要想填满整个宇宙,所需的沙粒数目是1000个"第八级单位",用现代的计数方法,就是10^{63}。这是个很大的数,但也是确定的,可被设想的。

这是一个精心设计出来的游戏,阿基米德的玩法是无懈可击的。在这个看似闹着玩的游戏之下,你也能感觉到某种至关重要的东西正陷入危机。在书的开头,掩藏在一封书信的形式背后,它的论战目的异常清晰:"希伦王,有人认为,沙子的数目是不可数的。"这让我们想起《圣经》里的一段话:

希伦王，有人认为，沙子的数目是不可数的

海沙、雨点和永远的日子，谁能数清？天之高，地之宽，渊之深，谁又能测量？……唯有一位明智至高全能的创造者，他是最可敬畏的，即那坐在自己宝座上的上主。[1]

这段强力的文字，就是《德训篇》或称《西拉篇》的开篇。其中谈到了沙粒的数目，但是强调了这种计算和知识的不可能性。这两个文本之间会不会有什么关联呢？

《德训篇》可能是在希腊化时代[2]的巴勒斯坦成书的，也就是说，是在一个希腊政治和文化占主导地位的时期，然后，这个文本很快在埃及被译成希腊语，这一点在文本中也提到，很可能是在亚历山大城，当时由希腊人建立的托勒密王朝正致力于在那里编纂、翻译、研究和保存古代的整体知识。正是由于这一工作，《圣经》得以被一些宗教传统所广泛使用。换句话说，我们熟悉的《圣经》是在开明的希腊君主的主持下，在亚历山大城进行汇纂和编辑的。《圣经》得以流传至今，更多要感谢希腊人的普世主义和多元文

---

[1] 引自思高本《圣经》"德训篇"第一章。

[2] 指从公元前330年波斯帝国灭亡到公元前30年罗马征服托勒密王朝为止的一段中近东历史时期，这段时期内地中海东部原有文明区域的语言、文字、风俗、政治制度等逐渐受希腊文明的影响而形成新的特点，在19世纪30年代以后逐渐被西方史学界称为"希腊化时代"。

化主义，而非古代犹太世界的特殊文化。也是在亚历山大城，一位来自西西里的聪明的年轻人阿基米德，很可能就在那里的公共研究中心，即著名的图书馆和博物馆（现代大学的雏形）中学习过，并且余生都与那里的知识界保持着书信联系。

细究起来，《德训篇》的希腊语译者提到，他是在托勒密八世执政的第38年才遇到并翻译那本书的，彼时距离耶稣诞生还有140年，那个时候，阿基米德已经被罗马人杀死了。但也许我们不应该完全相信这些日期，因为阿基米德可能在亚历山大城接触过这本书的希伯来语版本，或者相似的希伯来语文本。一个多世纪以来，亚历山大城已经形成惯例，会将希伯来语学术著作系统地翻译成希腊文。"沙子数目不可数"这个巧妙的比喻，代表着人类无可改变的局限性，它在《德训篇》之前就存在。比如，几个世纪之前，希腊抒情诗人品达就告诉我们："沙子不可计数"。

考虑到所有这些，或许阿基米德的论战目标就开始变得清晰了。他反对的是一种看法，认为某些神秘知识是内在地无法被人类理解的。阿基米德没有假装自己知道宇宙的准确大小，或者沙粒的确切数目。他捍卫的是自己知识的综合性。事实上，他十分清楚这种估算只是近似的和暂时的。例如，他谈到宇宙真实大小的几种可能值，但没有一个明确的立场。他意识到，昨天的无知可以在今天被启蒙，今天的知识将会在明天得到修正。

但是他反对放弃对知识的追寻。他宣告的是对世界可知性的信念，这对于那些满足于自身的无知，放弃自己探求知识的人，是一种骄傲的反驳。

许多个世纪过去了，今天《德训篇》乃至整本《圣经》能够在全球无数个家庭中找到，而阿基米德的文本只有为数不多的人在读。阿基米德是在锡拉库萨遭劫掠时被罗马人所杀的，而锡拉库萨是骄傲的大希腊（Magna Grecia）最后一个沦陷于罗马人之手的城邦，扩张的罗马帝国此后不久就将《德训篇》作为它官方宗教的奠基性文本，一千多年来地位稳固。在那一千年里，阿基米德的计算一直被认为是不可理解的。在锡拉库萨附近坐落着意大利最美丽的古迹之一，就是那俯瞰地中海和埃特纳火山的陶尔米纳希腊剧场。在阿基米德生活的时代，索福克勒斯和欧里庇得斯的作品在这个剧场上演。后来罗马人将它改建为斗兽场。换句话说，在《德训篇》的世界和阿基米德的世界间的文化之战中，前者取得了完全的胜利。

但是，让我们再逐字逐句来看一下《德训篇》里的这段话。海岸上沙粒的数目，被阿基米德估算出来了；雨滴的数量，气候学家能测算出来；从宇宙大爆炸以来有多少日子，天文学家能够确定；当年的阿利斯塔克已经开始测量天的高度；而厄拉多塞在阿基米德之前几十年，已经测算出了地的宽度，今天，我们对它的认识可以精确到毫米，对海洋的深度也是如此。对于《德训篇》中列举的那些人们原以为无法回答的问题，我们今天都已经找到了答案。

与此同时，新的问题也出现了。

阿基米德提出的那个问题今天依然成立：我们愿意探寻尚属未知的领域吗？或者我们是否应该接受这个观点，即我们的知识有确定的边界？

《数沙者》中玩的那个巧妙、聪明的游戏不只展示了一个大胆的数学结构或者一位古代杰出智者的卓越才能，它还是理智抗争的呐喊。理智承认自身的无知，但拒绝将探求知识的工作假手他人。它是对蒙蔽主义的一个小声的、低调的、极为聪明的反抗宣言。而世界从来没有像今天这样需要这样的声音。

（《24小时太阳报》周日版 2012 年 4 月 1 日）

思想不会从天而降
Ideas Don't Fall from the Sky

多年前,我参加一次物理学大会,晚餐时发现坐在我旁边的是诺贝尔奖得主苏布拉马尼扬·钱德拉塞卡。要知道,对我们这代物理学家来说,这位创造力非凡的人物可是一个神话般的存在。当时的"钱德拉"是一个和蔼的老者,少言寡语。饭吃到一半时,他转过来对我说道:"你知道吗,卡洛,要在物理学上做出大成就……"我睁大眼睛,屏气凝神,期待着聆听神谕般珍贵的至理名言,"……要在物理学上做出大成就,最需要的不是多聪明。"这句话从他这样一位绝顶聪明的科学家嘴里说出来,让人感觉有点荒唐,要知道,他可是计算出恒星质量的上限,发展了黑洞的数学理论的人啊!但是接下来他的结语就让人释然了,他说:"最重要的是要非常努力。"

以后每当我遇到所谓"纯粹的创造力"或"天马行空的想象力"的神话时,我都会想起钱德拉塞卡的这句话。我曾听到有人说,要建构新事物,只要打破规则,将自己从历史的桎梏中解放出来就足够了。但我认为，在科学中，创造力不是这样发挥作用的。爱因斯坦不是某天早晨睁开眼，就想到没有什么比光速更快。哥白尼关于地球绕着太阳转的观点也不是拍脑袋想出来的。达尔文的物种进化论也是如此。新思想不会从天而降。

它们是从同时代知识的深度浸淫中诞生的。热切地汲取那些知识，彻底地掌握贯通它们，直至最后将自己完全浸入其中。从无休止地思考那些未决问题，尝试所有途径找到解决方案，尝试，尝试，再尝试。直到有一天，在我们最意想不到的地方，发现了一个裂口，一条缝隙，一条通道。它是之前从来没人注意到的，跟我们已知的并不矛盾；它是一个微小的事物，但可以成为一个杠杆的支点，划开我们深不见底的无知那光滑和不可靠的边缘，打开通往新领域的突破口。

这是科学领域绝大多数有创意的头脑工作的方式，以及今天数千名研究者为增进我们的知识而工作的方式。思想就是在与我们知识的边界进行长期而令人不安的碰撞中浮现出来的。

哥白尼熟读托勒密的《天文学大成》，对其中每个细节都了然于心，在它的褶缝中瞥见了世界的新形状。开普勒多年潜心研究天文学家第谷·布拉赫收集的数据，终于在这些数据中辨认出了椭圆轨道，找到了理解太阳系的钥匙。

新知识都是从现有的知识中诞生的,因为其中有矛盾、待解决的紧张关系、讲不通的细节、未弥合的裂缝。比如,电磁与牛顿力学难以完全调和,这就给爱因斯坦提供了机会。开普勒发现的优雅的行星椭圆轨道与伽利略计算的抛物线不符,这给牛顿提供了前行的钥匙。[1] 经多年测定的原子光谱不符合经典力学的描述,这让海森堡寝食难安。理论与理论之间,数据与理论之间,我们的知识不同组成部分之间的内在张力,导致了表面上无法解决的紧张关系,新知也就从此产生。新知打破了旧的规则,但其目的是解决矛盾而非制造矛盾。

柏拉图在他《第七封信》的某个精彩段落中,描述了他获得知识的过程:

> 进行透彻的钻研,付出许多时间……把这些东西——名称、定义、视像和感觉——放在一块儿相互摩擦,在友好的辩难和不带妒意的问答中检验它们,如此,关于每一存在物的智慧和理智才会极其艰难地迸射出光芒,而"理智"要用尽人最极限的力量。[2]

理智的光芒只有在"付出很多时间"钻研之后才能显现。

---

[1] 牛顿整合开普勒和伽利略的理论,发现了万有引力定律。
[2] 译文参考《柏拉图书简》,彭磊译注,103 页,华夏出版社,2018 年。

两千四百年后,阿兰·孔涅,这位在世的最伟大的数学家之一,发现了是什么成就一位科学家,他的描述如下:

> 你研究,继续研究,持续研究,然后有一天,通过研究,一种奇怪的感觉浮出水面:但是它不能是,不可能是这样,还有些东西没有理顺。在那一刻,你就是一名科学家了。

(《共和国报》2014年7月20日)

查尔斯·达尔文
Charles Darwin

在历史长河中,我们人类在对世界的理解上,取得了一些重大进步。这些步子一经踏出,我们就再也回不到此前的状态了。其中最重要的进步之一是在 19 世纪中期,由查尔斯·达尔文取得的。

达尔文的发现和地球上的一切生物都相关:从老鼠到蝴蝶,从病毒到大象,以及——亲爱的读者——你和我。由于达尔文的工作,我们了解的第一件事是,所有生物的祖先都是同一个。我们同属于一个大家庭,是这个大家庭同一个谱系的组成部分。你花园中那只蝴蝶的母亲的母亲的母亲也是你的母亲的母亲……的母亲。仔细想想,这个发现既让人兴奋,又让人感动。同处这个星球上的我们都是兄弟姐妹,这就跟地球是球体一样是个确凿的事实。

达尔文的第二个发现是关于众多生命形式是如何从同一个祖先演化而来的。达尔文做出了两个观察。第一个,也是最重要的一个,告诉我们在每一个物种内部,都有很大的差异性。比如，我们人类是有个体差异的。狗的个体差异甚至比人类的还大。这种多样性是生物的普遍特征，并一直在不断更新。生命是在不断变化和多样化的。

第二个观察告诉我们，在自然中，只有少数生物个体能够成功繁衍后代。大多数生物都来不及繁殖就死去了。虽然人类创造了璀璨的文明，但这一点对我们来说也是适用的，大多数受精卵并不会发育形成胎儿。

如果我们将生物的多样性和只有一小部分生物可以繁殖这两个事实放到一起考虑，就会立即得出结论，那就是，生物在不断变化，不断进行无数变种的实验，只有其中那些在环境中生存和繁殖能力最强的变种，才会繁荣昌盛。其他变种则会消亡。我们在身边看到的这些生物体，身上都具有让它们适合生存和繁荣的特征。

理解这一机制有重大的文化意义。在生物世界中，许多结构、行为和形式看上去就像是为生存而精确设计的。为什么会这样呢？自从恩培多克勒和亚里士多德提出这个问题后，人们就一直在探讨。而达尔文找到了这个问题的完整答案。

答案是，这个问题本身就是错的。逻辑弄反了。这就像是问为什么要在手柄上安一扇门。我们没有任何理由要把门安在手柄上，但是把手柄安在门上就有充分的理由。并非生物出于某种神秘的原因而都具有适应性强的结构，而是一开始就只有那些拥有适应性强的结构的生物才能繁衍下来。

这一发现的影响是深远的，它大大推动了我们对生物深层属性的理解。它让我们看到，生物世界那貌似最终的、稳定的结构只是世界万物组合方式之丰富性的结果。在自然中不存在所谓的计划性。不是经由设计产生了事物的组合，而是事物的组合产生了意向性。这让我们能够退回一下，带着敬意重新审视古代朴素的万物有灵论。

即使在这一发现之后，我们依然可以理解对造物主或上帝的信仰，当然实际上有很多人都相信这一点。但是这些关于自然的简单基本事实的发现，使得一些传统观点相互矛盾，它们坚称是一个神圣意志在支配世界运行。人们在了解雨水从何处而来和闪电产生的原理后，便不再相信宙斯的存在了，同样，在人们了解地球上生命是如何演化和逐渐多样化之后，世界上无神论者的数量就大大增加了。

(《24小时太阳报》周日版2016年2月10日)

玛丽·居里
Marie Curie

世界上只有一位科学家在两个不同的科学领域都获得了诺贝尔奖，而且是一位女科学家，她就是玛丽亚·斯克沃多夫斯卡·居里，在她后来移居的法国乃至全世界，她以玛丽·居里这个名字广为人知。她因为发现放射性元素而获得了诺贝尔物理学奖。几年后，她又因为发现和分析了两种新元素——镭和钋，获得了诺贝尔化学奖。

她取得这些成就以及许多其他成就的同时，一直在与恶劣乃至敌对的环境做斗争。首先，因为她是一个女人，在她生活的世界中，人们认为女人是劣等的，是从属于男人的。其次，因为她是一个移民，当时的法国人对移民的态度是充满猜疑和恶意的。

当时人们就在谈论"文明的冲突"，今天他们又捡起了这个说法。"文明的冲突"这一表达就是那时创造的，但当时人们认为将要发生剧烈冲突的两个文明，在今天成了盟友，它们就是法国和德国。玛丽亚是波兰人，因此遭到法国人的蔑视和敌视。

她是在年纪稍长时[1]来到法国的。她出身于一个有教养但贫穷的家庭，不得不先在波兰工作供妹妹上学。玛丽亚的父亲是个无神论者，她的母亲是一位虔诚的天主教徒。她在法国认识了皮埃尔·居里，对科学充满热情的两人相爱了。他们举行了一场世俗婚礼，她的结婚礼服是一件深蓝色的外套。后来，她把这件衣服改成实验室工作服，穿了很多年。他们的实验室是从一间老旧库房改建而来的，设备很落后。她和皮埃尔合作取得了丰硕成果，但在那个时代，玛丽亚的事业也要因此付出代价，因为所有人都理所当然地认为，所有想法一定都是男人的。

后来放射性元素的发现获得了诺贝尔奖，起初这个奖只颁给了皮埃尔一人。皮埃尔知道他的妻子才是那个更伟大的科学家，于是他说服诺贝尔奖委员会把奖颁给他们两个人，这使她成为第一位获得诺贝尔奖的女科学家。获奖后不久，皮埃尔在街上遭遇车祸，被一辆马车撞倒后去世。

诺贝尔奖让玛丽亚获得了研究资金，但也增加了她的曝光度，让她遭遇了仇外情绪的侵扰。她与一位年轻法国数学家朗之万的恋情，让她陷入身败名裂的境地。这场婚外恋的消息被公布时，她正在参加一场会议，回来发现家门外聚集

---

[1] 居里夫人24岁时赴巴黎求学。

着充满敌意的人群，不得不到朋友家避难。

玛丽亚人生的华彩篇章之一是在第一次世界大战期间。她发现 X 射线可以在医学上得到开创性应用，便组建了第一台（移动）X 射线摄片诊断设备，并把它带到了前线。这些设备的数量快速增加，据估计，它们在战争期间帮助治疗了一百万名士兵，挽救了数千条生命。

随着放射性元素的发现，以及对其化学、物理学特质和医学用途的了解，玛丽·居里打开了通向 20 世纪伟大科学的大门。因为有了放射性元素，物理学家开始了解原子的结构。玛丽·居里艰难的一生，她的勇气、严谨和正直，鼓舞了所有投身科学事业的女性和男性。她与偏执、迟钝、愚不可及的爱国主义及"抵制外国人"势力的冲突，她坦率而严肃的目光，她丰富的科学遗产，她磊落而慷慨的一生，堪称后来人的楷模。阿尔伯特·爱因斯坦评价道，她是唯一一个从未被盛名宠坏的人。

（《24 小时太阳报》周日版 2016 年 2 月 10 日）

"大师"乔治·勒梅特
The Master

当科学和宗教似乎必然冲突时,想想那位既是天主教神父又是伟大科学家的人物是有好处的,他游刃有余地穿梭于科学和宗教信仰两个领域之间,甚至可以接连说服爱因斯坦和教宗。

他的名字是乔治·勒梅特。这个名字起得恰如其分,因为在法语中勒梅特跟"大师"发音很接近。但是对于像他这样一个内敛谦逊的人物,这个名字又显得不太合适。他是比利时人,从小受耶稣会会士的教育,立誓修行,在本国声名远扬,后来他成为鲁汶天主教大学的一名讲师。爱因斯坦发表广义相对论后不久,便引起了他的兴趣。他最感兴趣的是爱因斯坦本人提出的,研究宇宙大规模动力学的可能性,今天我们称之为"宇宙学"。

爱因斯坦开启了这项研究,但很快意识到,他的理论预测了宇宙不可能是静态的。原因很容易理解:星云彼此吸引,如果它们不是在运动的话,就会一个落在另一个上面,就像球不能在半空中悬停一样。爱因斯坦没有勇气严肃对待他自己的理论预测的结果：宇宙在大规模运动这个想法听起来似乎太过大胆。

勒梅特希望改变他的想法。一个球如果被踢到了空中，它在向上飞的过程中就不会坠落。相似的，恒星可能是处于飞行的状态，被某种巨大的初始动力"踢起来"，彼此远离。这就是宇宙的膨胀。

我们怎么能够确定这一点呢？勒梅特提出，可以通过观察从遥远恒星上发出的光，因为正在远离我们的东西发出的光是红色的。他收集了我们可知的那一小部分关于星云的数据。星云是一些出现在恒星之间的小的蛋白色的碟形扩散天体，当时人们已经怀疑它们实际上离我们非常遥远，并发现它们的光就是泛红色的。这似乎表明宇宙的确是在扩张。他发表了这些发现，但却是在一份没有名气的法国科学杂志上，读者寥寥。

几年后，美国天文学家爱德文·哈勃研究星云时使用了大型的帕洛玛山望远镜，结果发现它们距离我们非常遥远，并且还在以极快的速度远离我们而去。宇宙真的是在膨胀！爱因斯坦被迫承认，勒梅特是对的。

这位年轻神父对这一发现的结果做了进一步推断。如果宇宙是在膨胀，它起初一定是极小的。勒梅特将这一初始状态称为"太古原子"。今天我们称之为"大爆炸"。在后来一些年里，宇宙产生于大爆炸的观点逐渐被越来越多的人所知。1951年11月22日，罗马教宗庇护十二世在公开演讲中充满热情地谈到这个理论。教宗谈到许多现代科学的细节，作为论据证明"跟过去人们吹嘘的恰恰相反，真正的科学越进步，它越显现出上帝的存在——他几乎像是耐心地站在科学打开的每扇门后那样"。教宗谈话的中心就是大爆炸理论："尘世是从无到有的，所以有一位造物主，所以上帝是存在的！"

勒梅特对此不满。在与梵蒂冈的科学顾问密切联系之后，他立刻竭力说服教宗不要再发表类似的讲话，避免提到宇宙学和神创之间的可能联系。勒梅特保持着一种平衡的观念，在他的许多文字里也都阐述过，即科学和宗教都不应试图去谈论它们无力插足的领域里的事情。勒梅特认为，宗教只关注我们的灵魂和救赎就好，让科学去负责理解自然。在他看来，坚称写出《创世记》的人对宇宙学有任何了解都是愚蠢的。《创世记》对物理学一无所知，而物理学对上帝也一无所知。教宗庇护十二世被说服了。他再也没有在这方面公开发表进一步的评论。

用大爆炸的理论来证明上帝存在，这个观点在美国新教的语境下也出现过，但是天主教会再没有提到过这个话题。当然，勒梅特是对的：今天人们转而讨论大爆炸是否是宇宙生命周期中的一次转型。宇宙可能是在一次剧烈收缩后反弹了回去。但教会如果暗示，上帝的灵运行在水面上的时候，说的那句话并不是"Fiat lux"（要有光），而是一句大意为"光刚熄灭了，要再有光"的话，将是很难堪的。

不是每个人都有机会证明爱因斯坦是错的，或者成功反驳和劝阻一位教宗。和他们二位直接交流，让他们相信自己在如此重大的问题上犯了错，这当然是了不起的成就。"大师"确有过人之处。

但是勒梅特要教给我们的还另有其事，这可能也是成就其伟大的秘密所在。

1931年，一些物理学家决定重新发表勒梅特首次提出大爆炸理论的那篇文章。文章被翻译成英文，重新刊登在一份著名刊物上。这成为一个奇怪的侦探故事的开端，其中谜案的真相直到最近才由天体物理学家马里奥·利维奥揭开。在1931年的英文译本中，有几个关键的语句丢失了。而正是丢失的那部分文字清楚地显示出，勒梅特基于当时他能获得的零星数据，推出了宇宙膨胀的理论，时间在哈勃之前。似乎有人故意删掉了一些文字，它们可以证明勒梅特才是发现宇宙膨胀现象的第一人，而非美国人哈勃。

这是谁干的？文章曾被改动的消息被公布后，很快引发了猜疑。是谁想让哈勃摘得这个荣誉呢？是哈勃自己吗？还是刊物的编辑不想惹美国读者不高兴？在很多年里，这些消失的文字引发了种种争论和指责，最后，编辑和作者的来往信件让真相浮出了水面。删去那些关键句子，将一项重大发现归功于他人，完全是乔治·勒梅特本人的意思。他在一封给编辑的手写信件中，指出哈勃的数据优于他之前获得的数据，既然已被取而代之，就没有理由再提及那些不够精确的数据。换句话说，勒梅特对将这一发现据为己有不感兴趣。对他来说，重要的不是个人荣誉，而是确立真理。

这位第一个观察到大爆炸的人，这个知道如何说服教宗和爱因斯坦的人，对自然充满了好奇，而对自己的声名毫无兴趣。在我看来，他传递的是科学能够表达出的最深刻、最清晰的信息，那就是，不要太把自己当回事，保持谦逊。即使你的名字是爱因斯坦，即使你是教宗本尊，即使你是"大师"。

（《24小时太阳报》周日版2016年1月27日）

莱奥帕尔迪和天文学
Leopardi and Astronomy

贾科莫·莱奥帕尔迪和但丁并称为意大利最伟大的诗人。但诗歌不是他唯一的兴趣所在。他的《天文学史：从起源至 1813 年》是一部惊人的著作。在这部 300 页的书中，他追溯了天文学从古代直至他生活的 19 世纪的演化历程，一丝不苟地列出了所有引用文献的出处细节，写作的全面和专业就连我的许多科学史学家同事都望尘莫及（他们务必要原谅我这样说）。而完成这部惊人的博学之作时，莱奥帕尔迪居然只有 15 岁"高龄"。

这位年轻诗人的作品是科学与文化交融最清晰的明证之一，这也是意大利文化精华的核心所在。我们最伟大的两位诗人但丁和莱奥帕尔迪，都广博而深入地掌握了他们所处时代的科学知识，这也成为他们文化素养的一部分。在经过深入的吸收和恰当的理解后，科学知识逐渐变成了他们诗作的一个真正源头。

莱奥帕尔迪所讲述的天文学历史，从它在迦勒底人中的模糊起源开始，一直写到书完成的那一年。这不是一篇天文学论文，他避开了自己力有不逮的那部分专业细节。这反而让我们更加钦佩他在评估对天文学的各项贡献上展现出的清晰头脑，以及汲取所有重要成果之精髓的能力。莱奥帕尔迪有着和年纪不相称的成熟，他既涉猎了大量充满繁多细节的文献，同时又成功地对它们进行了清晰的呈现和综述。一个15岁的孩子居然有这样广博的知识，以及这般消化和解释这个话题的能力，真是令人惊叹。小小年纪的莱奥帕尔迪，已经展现出卓越的才智，许多和他有过亲身接触的人都如此评论过。

如果我们考虑这部书的写作背景，就会更加清晰地认识到它的意义。当时莱奥帕尔迪孤身一人住在雷卡纳蒂，这是意大利中部一个偏远地区的小村庄。他的父亲莫纳尔多是一个保守派，严格遵从教会的权威，强烈反对哥白尼的思想，而15岁的贾科莫是哥白尼的热情追随者。写作这本博学的书，实际上是他的反叛之举。

在完成这部天文学研究之后，他写了一篇文章，题为《论古人流传甚广的错误》，其中科学给人的感觉是一种促进成长、消除无知和偏见的工具，年轻的莱奥帕尔迪发现他身边充斥着这些谬误。他后来提到，在这个时期，他"疯狂而孤注一掷"地学习，自学了拉丁语、希腊语和希伯来语，以及英语、法语和西班牙语。他全身心投入知识的海洋里。

> 慰藉和欢笑,
> 这青春时光可爱的孩子,
> 还有你,爱情,你这青春的兄弟,
> 和晚年苦涩的叹息,
> 我都全不在意。说不清为何,
> 我几乎在逃离它们。
> 孤单的,隔绝的,
> 我在自己的故里
> 任生命的春光飞过身畔……

他在家中那非凡的藏书室里找到了自由。他在那里自学,发现新的世界和梦想。在那里,他接触了欧洲文艺复兴思想,这点亮了他的头脑。他梦想着逃离,逃到"樊篱"之外,到那些"远山"之外。他年轻而丰富的心灵发现了其他世界的存在,对各个教宗国里那些愚蠢、狭隘、占主流地位的思想充满了反叛。天文学是他逃离自我、航向无限的手段。仰望天空,向星星和"大小熊星座"诉说,和月亮对话——"月亮,你在天上做什么呢?告诉我,你在做什么呢?/沉默的月亮",这种诉说方式也成为他后来诗歌的鲜明特色。

莱奥帕尔迪意识到自己的才华,在青春热情的驱动下,他第一次尝试从雷卡纳蒂逃离。如果他成功了,如果他的父亲没有发现并阻止他，剪断他的羽翼，他的生活或许会更顺遂。但如果是那样，我们今天可能就读不到他的诗歌了。

他的人生道路注定不会容易。他谈到，感到自己被当时内心涌动的充满希望的热情欺骗了。他曾经热情追求的真理除下了面具，原来那不过是幻觉，他无力再依循它而生活。他深刻的真诚不容许他撒谎，不允许他在任何虚假的事物中寻求庇护，但他沉湎在过去中，无法快乐地接受唾手可得的轻松和自由。这对他而言是不幸，却使我们有幸读到了人类所写下过的最纯粹、最动人的美丽诗章。

《天文学史》在莱奥帕尔迪生前并没有出版，也许他对这部著作并不十分自信。而即使在今天，它依然是学者宝贵的资料来源（我在准备科学史课程时就曾用到这本书），但是严格来讲它并不是一部佳作。莱奥帕尔迪清楚它的缺点，他在书的结尾这样写道："如果这个时代不喜欢我的作品，至少那些在我们对星辰的探索中做出成就者的神圣的影子可能会表示一点感激。"说到底，莱奥帕尔迪写这部巨著，是为了他自己，就像我们许多人在青少年时期会写满一本本日记，没有别的目的，只是帮助自己成长。莱奥帕尔迪在为他的灵魂寻找给养，他在我们关于这个广阔世界的知识——科学和天文学——中找到了它。在书的开头，莱奥帕尔迪这样写道："人们经由它（天文学）超越了自身，了解到那些更为非凡的现象的原因。"他作为诗人清晰的智识，以及他通灵般奇妙的看待世界的方式,主要源头在于他将当代的科学知识深深内化于自身,首先就是作为所有科学之母的天文学。

读了莱奥帕尔迪的诗歌,你很难不爱上他,或者不可能不爱上他。你会感觉他就像一个兄弟,你会发现他是我们的灵魂最热切、最真诚的一位歌者。他意识到,"世间万物无尽的空虚"是我们的文学所能提供的最诚实的洞见之一。然而,他的诗章同时让我们看到,归根结底,世界令人狂喜的美,金雀花的芬芳,这些就已足够,这些诗行并非在理论上,而是直接触动了我们内心最深处的情感。

通过谈及生活的无意义,他的诗章让一切都充满了意义。

我们感到莱奥帕尔迪亲切,因为他是迷失的、幻灭的、赤裸着直面真理的心的代言人。尽管他的理想幻灭了,但他华美的诗章为世界的美赋予了意义,为一切赋予了价值,所以我们感到他更亲切了。在意大利,许多人都爱读他的作品,在艰难孤独的青少年时代,我们在他的诗歌里找到了共鸣,它们告诉我们,"世间万物无尽的空虚"虽然是事实,但生活依然让人着迷。就如他最著名的那句诗:"在这个大海中遭灭顶之灾,我们也感到甜蜜。"

(《24小时太阳报》周日版 2017 年 2 月 12 日)

《物性论》
De rerum natura

1417年,佛罗伦萨的人文主义者波焦·布拉乔利尼[1]在一个德意志修道院发现了一本《物性论》,在此之前,卢克莱修的这部非凡诗作已经被遗忘了一千年。布拉乔利尼不会想到他手里这本破旧的薄册子将会产生多大的影响。这本书对意大利乃至更大范围的欧洲文艺复兴的影响,以及实质上对现代世界整体发展的影响,在斯蒂芬·格林布拉特的著作《手稿:一本失落的书的发现如何改变了欧洲文化的历史》中得以重建,格林布拉特是英语世界文学批评"新历史主义"学派的旗手之一。

一种在中世纪几乎被一神论绝对主义彻底清除的世界观,在一个经历了很大改变的欧洲重新出现。所以,此时在欧洲被唤醒的不只有卢克莱修的自然主义、理性主义和唯物主义。它不只是对世界之美,以及平静接受死亡的可能性进

---

[1] 波焦·布拉乔利尼(Poggio Bracciolini, 1380—1459),意大利文学家、哲学家、政治家,于1453至1458年任佛罗伦萨共和国执政官。

行的通透而平静的沉思，它还是一种用以思考现实的有力而复杂的概念框架，这种新的思维方式与统治世界长达几个世纪的中世纪思维方式截然不同。

中世纪人眼中的宇宙，就如但丁精彩的描述，是一个与欧洲社会互为镜像的精神组织和等级组织；这个宇宙是以地球为中心的，天与地之间有严格区分，所有现象都有终极因论的和比喻的解释；它畏惧上帝和死亡，认为决定世界结构的是先于实际事物存在的永恒理型，相信所有知识的源头都位于过去，在上帝的启示和传统中。而在卢克莱修的思想中没有任何这种观念的痕迹。没有对神的恐惧，世界没有意向性或目标，不存在宇宙等级，天与地也没有区别。有的是对自然的深刻的爱，平静地浸入其中，认识到我们自身也是它的一部分；男人、女人、动物、植物和云朵是一个非凡整体的有机组成部分，一个没有等级之分的细胞组织。其中蕴含着一种深刻的普世主义，一种以简单方式思考世界的理想。他认为，我们能够研究并最终了解物质世界的秘密，我们能够比前人知道得更多。令人意外的是，在卢克莱修的作品中，已经有了后来伽利略、开普勒和牛顿使用并发展的概念工具：空间里自由运动和直线运动的概念；基础粒子"原子"通过多种多样的组合构筑了复杂的现实；空间是装载世界的容器。最重要的，他慎重而热诚地捍卫一个观点，即存在尽管是有限的，但也可以是宁静的；我们不应该恐惧死亡，因为死后是虚无。我们也不应恐惧上帝，因为即使他存在，也会忙于更重大的事情，不会为我们分神，我们不过是浩瀚宇宙中无足轻重的微粒。随着卢克莱修被重新发现，这一思想宇宙被复活了，其回声直接回荡在一系列作者的书中，从伽利略到开普勒，从培根到马基雅维利，从蒙田——他的随笔中引用卢克莱修不下一百次——到牛顿、道尔顿、斯宾诺莎、达尔文，甚至爱因斯坦。爱因斯坦曾用优美的词句写到卢克莱修："对于任何一个未能完全没入我们时代精神的人……卢克莱修的诗作会在他的身上发挥魔力。"

皮耶尔乔治·奥迪弗雷迪在他近期的新书《万物：我的卢克莱修，我的维纳斯》中，用散文体翻译了卢克莱修的诗歌，译文流畅，还附有非常详尽的注释。他以卢克莱修本人的方式，用取自当代科学的例子，证明了可以用理性清晰地理解世界。奥迪弗雷迪用当代词汇，再现了那个为卢克莱修的愿景赋予活力的伟大主题：对自然这万物唯一创造者的热爱，对理性的信心，使我们逐步理解世界，驱散由死亡和宗教带来的非理性恐惧。他让这个伟大的卢克莱修面目鲜活地重新出现在我们面前，正是这个卢克莱修弥合了希腊原子论和我们之间的鸿沟，他的作品也正因此而构成了现代世界最深刻、最重大的文化源头之一。

和奥迪弗雷迪的文本相互参照着，我重读了维托里奥·恩佐·阿菲耶里的《卢克莱修》，首版于1929年。让我吃惊的是，我发现后者对卢克莱修诗作的解读与奥迪弗雷迪正好相反。如果说奥迪弗雷迪的卢克莱修反映的是理性的平静，那么阿菲耶里的卢克莱修可以视为某种受苦的浪漫派。阿菲耶里完全无视奥迪弗雷迪阐述的那些闪闪发亮的思想，以及卢克莱修在解读世界上展现出的清晰概念和非凡智慧。他看到的是别的东西。他听到了作品中的音乐，并对卢克莱修精彩的自然诗歌和热情的灵魂（他敏锐的感受力）做出了回应。

阿菲耶里牵起我们的手，带着我们一首接一首诗欣赏，指出诗歌中那炫目的美，向我们展示它秘密的节奏，它时而雄壮阔大、时而喁喁私语的音乐，在这音乐的质感中可以感受作者心房的律动。

在卢克莱修对理性的激情中，阿菲耶里看到了一种绝望。卢克莱修的诗歌唱出了人类的愚蠢、生命的无意义，以及抚慰人的幻觉的荒唐。最后，卢克莱修用很长的篇幅谈论了死亡，全诗以描述瘟疫在雅典造成的恐惧结尾，他的描写是逼真的、真实的，用的是"属于平静生活之诗人的痛苦诗行"。对于阿菲耶里来说，卢克莱修充满激情地宣告自己对平静生活的信仰，就像是一个遭受深重灾难的人发出的呼唤和几近一厢情愿的幻想。他重提那个高度可疑的说法，即卢克莱修自杀时正处在服食了春药后的疯狂状态下，他将诗人的自杀解读为一种以理性之名的英勇反抗，为了不屈服于那片康拉德在现实表面之下瞥见的黑暗之海，而选择的一种终极的尊严。

阿菲耶里眼中的卢克莱修是一个浪漫主义巨人，受到英雄主义反叛精神的激发，代表人类，反抗宗教的愚蠢和爱情的幻觉，想要为他自己和我们其他人指出一条通往知识和平静的道路——但因为对他而言，自然不是慈爱的母亲而是恶毒的继母，因为心的激情比思想的平静更强大，所以他的计划失败了。

哪种阐释是正确的呢？是嘲笑诸神的奥迪弗雷迪发现的理智的平静，还是阿菲耶里含混不清的浪漫主义，在读卢克莱修诗歌的时候那种激动的颤抖？

也许他们都是对的。卢克莱修足够广阔深邃，可以容纳这一切，并且远不止于此。

但我认为，真正吸引了我们以及那些喜欢他作品的青少年的，不是卢克莱修这个人，而是生活本身。我们在理解我们自己的理性上能走多远？它能把我们从那些盘踞在我们身体里的怪物手中救出来吗？我们是否应该为了寻找安慰而抛弃清晰性？我们能既为他对现实的理解着迷，同时又让他的诗歌将我们带到另一个世界吗？我们能否寻找思想之光，同时又不失去观察眼前发生之事的无限复杂性的清晰目光？自然是母亲，还是继母？自然主义的清晰性会引向莱奥帕尔迪的绝望，还是卢克莱修邀请我们共享的平静？理解能让我们自由吗?

在《物性论》第四卷的卷末,是一段有史以来最世俗、最狂野的对爱的描述。爱回归到它最粗暴的肉欲之源:

> 最后,当他们互相搂抱着
> 享受着青春年华的果实,
> 当现在他们的肉体甜蜜地预感到
> 即将到来的强烈的快乐,而爱情
> 即将在女体的田地播下种子的时候,
> 他们就贪馋地搂抱,口涎混着口涎,
> 彼此喘着气,牙齿压紧对方的口唇——
> 但是这一切都毫无用处,
> 既然他们不能从那里撕取什么东西,
> 也不能使自己全身都渗入对方的肉体——[1]

这是一段让人透不过气来的文字。

阿菲耶里虽然大为惊骇,但他意识到很少有人如此接近爱的本质,它的暴烈与饥渴。当卢克莱修将它赤裸裸地揭示出来,他便最近于捕捉到那无言的本质。而这,在阿菲耶里看来,就是杀死卢克莱修的不可遏制的爱欲。

---

[1] 译文参考方书春译本,商务印书馆。

《物性论》

然而,打开这部诗歌,让它充满喜悦的也正是同样的肉体快感。它的开头可以意译为:哦维纳斯,哦爱情的引诱,你是春天,是太阳,是欲望,是牲畜和土地的丰饶;在你面前,冬天、悲伤、死亡逃奔了……为了你,平静的海面微笑着,而宁静的天宇也为你发出灿烂的光彩……

卢克莱修让我们面对现实,面对它全部的复杂性。生活绝望的忧郁,闪闪发光的快乐,无尽的宇宙的视域,动人的抒情,对自然的思考和理解,对知识的恒常渴望。为什么一首如此重要的诗歌没有进入意大利的学校——或者所有的学校呢?也许它倾诉的正是孩子们的心声。

> ……我们永远生存
> 和活动在同样事物中间……
> 不过我们所渴望的东西
> 我们还不能得到的时候,
> 就显出比其他一切都更好。
> 以后当我们已得到它的时候,
> 我们就渴想要别的东西;
> 永远是那同样的对生命的焦渴,
> 苦恼着张大着嘴巴的我们……
>
> (第三卷)

所有的人类生活都在这本书里：原子和宇宙、有形和隐形的场域、雄心、不忠、厌倦、宗教、恐惧、死亡和思考人类面临死亡时的悲剧性问题时的平静，以及宇宙生活的旋涡——从一粒微尘在阳光中舞蹈，到亿万年后，世界在遥远未来消失。为什么不把两个关于卢克莱修的阐释都传达给年轻的学生，留待他们，以及我们之后的那代人去尝试解决这个我们尚无法解决的问题呢？

（《共和国报》2014年3月6日）

谢谢你，斯蒂芬
Thank You, Stephen

$$T = \frac{\hbar c^3}{8\pi GkM}$$

斯蒂芬·霍金永远离开我们了。即使在衰老和疾病的折磨中，他依然保持着狡黠的微笑和青春的不羁，而现在我们再也看不到了。他得的又是怎样的疾病啊……

虽然他去世刚刚三个月，但我们已经可以尝试平静而审慎地自问，他在物理学及其他方面，留给我们的遗产究竟有哪些。我不揣浅陋，在此尝试作一回答，既是纪念我们的友谊，也是出于我对他无限的钦佩。

斯蒂芬首先是一位优秀的物理学家，是他同时代最优秀的物理学家之一；虽然不是20世纪最伟大的科学家，但人们有时也会称他为爱因斯坦或牛顿再世，这种夸大其词他自己从未当真，连开玩笑都没有。现在，我就从他最重要的科学成就讲起。

他最重要的成就，将和他的名字永远联系在一起，他证明了黑洞是热的：它们像炉子一样散发着热量。他在1974年得出这个结论，通过复杂精确的计算，将广义相对论和基础粒子理论巧妙地结合起来。他计算出的温度今天被称为"霍金温度"，取决于黑洞的大小。黑洞越大，它就越冷。所以热的黑洞是小的。这个结果在20世纪70年代让人们大为吃惊，也让当时还不满30岁的霍金在理论物理学界声名鹊起。在他之前，没人想到黑洞可以有温度。就连斯蒂芬自己也没有，直到他完成了计算。

黑洞散发的热量今天被称为"霍金辐射"。它从未被观测到，短时间内也很难被观测到，因为它太微弱了。但是它的存在以许多不同的方式被证实，大部分的科学家都认可它是合理的。

"霍金辐射"为什么重要呢？因为它是一个与时空结构和量子力学都相关的现象。这让它成为一个重要信号，指示了当代物理学中一个重大的未决问题：寻找"量子重力"理论，即描述时空的所有"量子"特征的理论。所以当下许多研究都会使用霍金的研究成果，或致力于发展它。比如，我所在的研究小组现在正尝试用量子重力的一个可能理论来计算黑洞在被"霍金辐射"吞噬后会发生什么。

有一个美丽的公式可以总结霍金的研究成果。在这个公式中，温度作为黑洞表面质量 M 的一个函数出现，就是本文开头那个至为简洁的公式。

这个公式之美在于它的简洁，但最重要的是，它融合了物理学的四个重要支柱：玻耳兹曼常数 k，是热力学的基本常量；光速 c，是相对论的基础条件；牛顿常数 G，是重力常数，也就是时空的结构；普朗克常数 h，是量子力学的基础。没有任何一个公式如此优雅地将我们物理学的所有基本支柱汇聚在一起，无怪乎斯蒂芬会要求将这个公式刻在他的墓碑上。

在斯蒂芬的次要成就中，有两个尤有现实意义。斯蒂芬年轻时，与伟大的数学家罗杰·彭罗斯合作，证明了爱因斯坦的理论预测了宇宙产生是源于"大爆炸"：在这一"奇点"处，广义相对论将失效。在这之前，人们得出这个结论，是基于宇宙是完全均质的假设，而这不太现实。彭罗斯和霍金的奇点定理显示，这种简化是不必要的——它的结果使大爆炸变得合理得多。

斯蒂芬在20世纪80年代回归到大爆炸的问题，致力于证明量子理论可以如何有效地描述宇宙的诞生。他建构了一个迷人的量子重力的直觉模式，将其应用到宇宙的诞生上。今天这个模式依然在为量子重力的研究提供灵感。

有一根线串起了这些成果。年轻时，斯蒂芬着迷于爱因斯坦的伟大理论。那时，对它的应用几乎为零，研究也只限于数学领域。物理学最伟大的预测，比如黑洞和大爆炸，当时依然被认为是晦涩难懂的，靠不住的。彭罗斯加强了这些理论，他提出的数学方法显示了当足够多的物质被压缩，黑洞一定会形成。斯蒂芬则借用彭罗斯的方法来研究宇宙的起源，他的观点是，宇宙的诞生就像黑洞坍缩的时间倒流版本。

在澄清了爱因斯坦的广义相对论将在黑洞内部和原初宇宙中失效之后，斯蒂芬开始考虑量子效应。就这样，他发现了"霍金辐射"。在之后的年月中，他尝试充分利用量子力学，从量子角度来重新考虑宇宙起源问题。所有这些问题依然没有解决。但今天在对它们的讨论中，经常听到霍金的名字或他的观点被提及。

我的总结并不能穷尽霍金的理论研究活动，但我希望让读者对他在物理学上的贡献有一个基本的认知。

但是，我认为，他的伟大还不在这里。

他真正的伟大之处在于他的人性、他的品格。他被束缚在轮椅上，逐渐丧失了对身体所有肌肉的控制。我最后一次见他是在斯德哥尔摩，当时他连转动眼球都很困难了。他是靠转动眼球与人交流：一个电子仪器通过一个小摄像机读取他的眼球动作，多亏了这个仪器，斯蒂芬可以控制电脑，费力地打出一个个字母，构成一个个单词，然后由一个声音合成器读出来。看着他经历这种耗费心神、极度缓慢的折磨，真是令人心痛。

然而，这种合成的声音传遍了全世界。斯蒂芬成功地让这独特的金属声音成为自己的，将其变成传达他非凡智慧和反讽的，几乎自然的媒介。他从未丧失信心。在身体状况不断恶化的情况下，他还在不断地产出优质的物理研究成果。在看似不可能的境况里，他写出了一本书，并取得了巨大成功。书在出版后的30年里，卖掉了一千多万册，直到今天还在继续被阅读。他通过这本书和全世界的年轻人谈话，令他们惊异，激励他们研究宇宙。

虽然斯蒂芬很不幸，饱受恶疾折磨，但他也是幸运的，生于英国一个优秀知识分子家庭，天赋异禀，受到了第一流的教育。疾病的发展也比最初预测的要缓慢得多。他作为一个科学家的价值，以及他之后获得的名气，让他取得了重大成就，这是和他境遇相似的人可望而不可即的。但是即使把这些因素都考虑在内，斯蒂芬特立独行的气质，和任何磨难都无法折损的青春的精神，也给世人上了关于人性的宝贵一课，关于对生活的热爱、智慧，以及永不满足的好奇心。

我们在斯德哥尔摩会面那次，和他的交流非常困难，让人难过。第二天，斯蒂芬在市里一个巨大的剧院发表了演讲。他来到台上，带着他传奇的微笑，传奇的轮椅，通过移动眼球来播放提前录制好的演讲。他谈到理解黑洞未来的终极尝试，讲了几个笑话，温和地嘲弄法国人，戏谑地谈论生活的意义，态度不恭而叛逆，嘴唇上始终挂着一缕微笑。全场观众都为他着迷。他最后一句话，依然是关于热爱生活的不屈不挠的宣言，用的是他惯用的含混修辞："你确实可以从黑洞中逃出来。"

斯蒂芬确信，人死后生命不会再以任何形式继续。像许多科学家一样，他喜欢用"上帝"这个词来表示强调和渲染效果，但他是一个不折不扣的无神论者，没有模棱两可，没有不确定，他的话清晰而斩钉截铁。他并没有从任何超越性的存在中寻找慰藉或者汲取力量。他被最缠人的疾病禁锢，将他和我们连在一起的那根线越来越细。但是他终其一生都怀着一种灼热的激情——他开玩笑，对全世界说话，传达幸福和欢乐，激发新一代人带着他的热情跟上他的步伐。这对我们这些爱抱怨的人而言，难道不是了不起的一课吗？这不就是斯蒂芬留给我们的无限珍贵的礼物吗？生活、好奇心、思想和智慧那无比光明的力量。

现在把他和我们连在一起的最细的线已经被切断了。在他像所有事物一样，融进他热爱的浩瀚无垠的宇宙中，永远消失之前，斯蒂芬依然停留了一会儿，在我们的科学、我们的记忆、我们的感情、我们的思想中面容鲜活，栩栩如生。谢谢你，斯蒂芬。

(《晚邮报》2018年6月24日)

罗杰·彭罗斯
Roger Penrose

几天前，我有幸见到了罗杰·彭罗斯，这位来自牛津大学的伟大数学家，他要参加日内瓦的科学节，中途经过意大利。彭罗斯是一个多栖知识分子。读者知道他，是通过他写的几本书，其中就有那本深奥而精彩的《通向实在之路》，这是对当代物理学和数学的全面纵览，这本书很受欢迎，但并不易读，其中每一页都闪耀着智慧和深刻之光。

彭罗斯对人类认识宇宙作出的主要贡献是得出了一系列定理，表明爱因斯坦的理论预测了我们看到的宇宙是源自一次大爆炸。在纯数学领域，他更著名的贡献是对"准周期"结构的研究，这种结构由几个元素组成，可以无限地重复，但并不呈周期性，也就是说，它们出现的模式并没有周期性。它们也被称为"准晶体"，而且在自然中是存在的，但它们也被用于很多领域，从地板瓷砖的图样到彭罗斯自己设计的儿童游戏。现在我们甚至可以在当代艺术展览中欣赏到彭罗斯的方程式：彭罗斯发明了一种基于一长串绘画作品的

彭罗斯方程式

计算方法，卢卡·珀兹（Luca Pozzi）是一位对科学接受度很高的优秀意大利艺术家，他在格勒诺布尔举办了一场致敬艺术和科学的小型展览，展示了彭罗斯的方程式。

今天的彭罗斯是一位八十岁的绅士，还保持着青春的气质，眼睛依然会为世界着迷。他拿自己的记忆力减退开玩笑，在出发来意大利的那天早晨，他起得很早，出门后就发现把钥匙锁到房间里了。但在他谈到自己最新的观点时，头脑非常清晰，而且充满了热情。这个观点在他最新出版的一本书《从大爆炸到永恒》中呈现给了读者。

他的观点是，通过观察天空，人们可能会看到，或者说可能已经看到，在大爆炸之前发生的事件的痕迹。这些痕迹也许是可以在"宇宙背景辐射"中瞥见的天空中巨大的同心圆，那是大爆炸充斥在宇宙中的微弱的残留辐射。想像一个石子投入池塘后在水面上激起的涟漪，形成了越来越大的同心圆。而在这里，池塘是整个宇宙，掉进池水中的石头则是在大爆炸前发生的巨大黑洞之间的碰撞。

我们最近发现，宇宙在以越来越快的速度膨胀。在遥远的未来将发生什么呢？星系团将以越来越快的速度远离彼此，恒星将会熄灭，一切到最后只留下几个黑洞和光波，后者在无限和冰冷的空间里游荡。亿万年过后，黑洞本身也将衰减，宇宙就什么都没有了，只有光波在虚空中永远地穿梭。"这想想可真是凄凉而无趣至极，"彭罗斯开玩笑说，他又补充道，"不过好在光波不会感到厌倦。"这听起来也像一个笑话，但事实上它是一种敏锐的观察。实际上，是爱因斯坦第一个意识到，我们移动得越快，时间对我们来说就过得越慢。如果我们以极快的速度旅行，归来后我们会发现同龄人比我们都要大很多。我们越接近光速，影响就越显著。如果我们以光速旅行，时间对我们而言就会停滞。它会完全彻底地停止流动。但是显然光移动的速度就是光速，所以对于光来说，从来都没有时间流逝。从这个意义而言，光"不会感到厌倦"。

一个只有光存在的宇宙，是一个没有任何东西能"感知到"时间流逝的宇宙。时间将真的不复存在。不止如此，如果只有光存在，我们甚至都无法测量空间距离。彭罗斯说，距离我们最遥远的未来宇宙，可以被描述为一个极大、极长久的宇宙，但实际上它将是一个没有时间长度和空间维度的宇宙。

但是在大爆炸之初，在宇宙开始膨胀前的一刻，它发现自己正处于这样的境况下：没有时间长度，没有空间维度。正是在这里彭罗斯提出了他惊人的问题：我们宇宙最遥远的未来，是否会是一个新的宇宙循环最初的大爆炸呢？在这两种情形之下，都是既没有时间长度，也没有空间维度：一个扩张到无限大的宇宙实际上跟一个无限小的宇宙是一样的。我们可以想象对宇宙的一次"循环利用"，距离的尺度消失，并被重新定义。可能，巨大的未来宇宙正是新诞生宇宙的微缩形态，只是两者"观看的尺度不同"，而我们自己宇宙的大爆炸正是上一个宇宙的无限未来。

我们能够证实这些假设吗？彭罗斯说，在时间瓦解之前发生的最后事件，可能就是黑洞在最终消失前的最后一次大碰撞。这些碰撞是否可能留下了痕迹？那痕迹可能包括最后的光之海洋里一些微小的波纹。围绕着宇宙最后发生的大事件，一些大圆圈在宇宙中扩张。这些大圆圈可能经历了宇宙自我循环的那个阶段，从一次新的大爆炸重新开始。如果我们的宇宙的确是这种演化的产物，今天我们应该能够看到这些在大爆炸之前产生的大圆圈。这就是彭罗斯大胆的假说。

这个说法有很强的猜测意味。但在去年，亚美尼亚埃里温物理研究所的天体物理学家瓦赫·古扎德亚（Vahe Gurzadyan）宣布，通过分析多年来积累的关于宇宙背景辐射的数据，他在天空中找到了这种类型的圆圈，那些数据是由WMAP卫星和BOOMERANG探空气球采集的。观测的结果不是很清晰，对它的解读也有很大争议。有反对意见说，我们看到的可能是一些偶发的波动：毕竟，在云中"看到"形状是容易的。这个问题依然没有定论。

我不知道最终的结论会是什么。可能这些圆圈最终会被证明是幻觉。但我认为人们寻找与前大爆炸事件相关线索的想法不会消失。不管怎样，从这个观点可以总结出两个重要经验。第一是论断需要精准地根植于实际观察，彭罗斯始终遵循这一原则并以此为傲。观点不准确也没关系，重要的是它需要以可验证性为基础：我们寻找天空中的圆圈。这是好的科学，是对许多持续几十年但没有产生任何精确预测的研究项目的良性平衡，这些项目卡在无限的不确定状态中，理论既无法证实，也无法证伪。

第二个经验只是表面上与第一个相冲突，彭罗斯也着重强调了它，他带着坦率的微笑说："我不能忍受这个想法——宇宙正在沉沦，将在无限未来中冻结而死。"这表达的是一种感觉,一种模糊的直觉,一种情感需求。但是科学,即使是最好的科学,也可能以这种方式产生——源自从内心深处不愿接受一个单调到让人无法面对的未来。思想必须被具体的可验证性锚定,但最好的思想可能是完全非理性直觉的结果,几乎可以说是来自一种对事物本质的模糊感应,并且确实经常如此。罗杰·彭罗斯,在他八十岁时,依然是一位真正的科学大师。

(《24小时太阳报》周日版 2011年12月18日)

第三辑

在科学与人文之间

《洛丽塔》和普蓝眼灰蝶
Lolita and the Blue Icarus

最近我去米兰的自然科学博物馆,看到了一个旧陈列柜,里面是很多种类的蓝色蝴蝶,与它们一起出现的是一个令我颇感意外的名字:弗拉基米尔·纳博科夫。没错,就是那个写出《洛丽塔》这部令人目眩的小说的纳博科夫:

> 洛—丽—塔:舌尖向上,分三步,从上颚往下轻轻落在牙齿上。洛、丽、塔。在早晨,她就是洛,普普通通的洛,穿一只袜子,身高四尺十寸。穿上宽松裤时,她是洛拉。在学校里她是多丽。正式签名时她是多洛雷斯。可在我的怀里,她永远是洛丽塔。

他可能是20世纪最伟大的小说家。最近《纽约时报》的文学副刊上有一篇文章这样提醒我们："在学术圈中，人们日益将纳博科夫与普鲁斯特和乔伊斯这样的大师相提并论。"然而，纳博科夫自己说，他追求的是另外一种声誉。他曾写过一首诗，《发现一只蝴蝶》，开头几句是这样的：

> 我发现了它，给它命名，我熟稔
> 分类拉丁语；于是成了
> 这种昆虫的教父，以及它第一个
> 描述者——除此之外，我不要其他任何声誉。

蝴蝶是他的热情所在。为了寻找蝴蝶，他每年都要到美国西部短途旅行，《洛丽塔》就是在其中一次旅行中写就的。

在所有伟大作家灵魂最终栖息的那座静谧的先贤祠中，我能想象纳博科夫在微笑：几年前，《伦敦英国皇家学会会报》上发表了一篇文章，宣布纳博科夫所提出的最大胆的科学理论得到了证实，这份学报是最权威的科学学报之一。他的名字将永载科学史册，因为他是发现普蓝眼灰蝶迁移轨迹的第一人，这种迷人的蝴蝶就是被收进米兰那家博物馆的陈列柜里的那一只。而这正是他一直追求的声名：成为"一种昆虫的教父"。

纳博科夫的理论是关于这类蝴蝶在美洲大陆上的迁移模

式的。1945年,他提出了一个假说,即这些蝴蝶起初是在亚洲进化,在一千万年的历史进程中,共出现过五次大规模迁移,这些蝴蝶先后穿越白令海峡来到了美国。没有人把他的话当真,很难想象这些生活在温暖地带的蝴蝶会来自北方苦寒之地。然而纳博科夫是对的。通过现代基因测序技术,人们重建了这类蝴蝶的系谱,从而证实了他的假设。此外,对气候变化的重新建模显示,白令海峡曾经有过非常温暖的气候,使得这些蝴蝶大规模过境成为可能,而且就发生在纳博科夫提出的那几个迁移发生的时期。

纳博科夫是哈佛大学比较动物学博物馆中鳞翅目昆虫区的策展人。他发表过几百种蝴蝶的详细描述。他生于俄国一个富有而显赫的贵族家庭,在幸福的童年时代,他就热衷于收集蝴蝶。在他八岁那年,父亲由于政治原因入狱,年幼的纳博科夫曾带着一只蝴蝶去监狱探望父亲。后来他的父亲被杀害了,家族财富也在革命中损失殆尽,他逃到了欧洲,最终用他第二部小说赚到的钱,踏上了去比利牛斯山寻觅蝴蝶的旅程。

纳粹上台后,他又被迫从欧洲逃离,到美国继续追寻他对昆虫学的兴趣。他被视为一个熟练的业余学者,可以精确描述不同种类的蝴蝶。他自己也属于一个濒临灭绝的物种:以收集昆虫为消遣的19世纪贵族。但在他去世(1977年)的十年后,许多昆虫学家开始认真阅读他的科学著作。他的分类被证明是很精准的。为了纪念他,他描述过的一种蝴蝶被命名为纳博科夫蝴蝶(Nabokovia cuzquenha)。1999年出版的一部名为《纳博科夫的蝴蝶》的书,叙述了纳博科夫的蝴蝶分类学如何被重新发现的故事。又过了十年,他关于蝴蝶穿越白令海峡的假说有了确凿的证据支持,至此他作为科学家的身份才得到真正的承认。

纳博科夫的科学和文学作品之间确有联系吗?将洛丽塔和蝴蝶联系起来,这种诱惑让人很难抗拒,特别考虑到小说中洛丽塔始终是亨伯特绝望之爱的视角下的少女。然而单是这样的关联,似乎失之浅薄了。斯蒂芬·杰·古尔德[1]曾在一篇文章中探讨过这个问题,文章题目为《没有脱离想象力的科学,也没有脱离事实的艺术:弗拉基米尔·纳博科夫的蝴蝶》。他在文中指出,纳博科夫对观察和细节的高度关注和近乎痴迷的癖好,正是他在收集蝴蝶和小说写作上取得成功的根源。这种看法极可能是对的。纳博科夫自己曾写道:"一名作家必须具有诗人的精确和科学家的想象力。"

对我而言,这似乎还不够。1948年,纳博科夫在自传《说吧,记忆》——可能是20世纪最精彩的文学传记之一——中写过这样一段话,以他一贯华美恣肆而字斟句酌的语言风格:

---

[1] 斯蒂芬·杰·古尔德(Stephen Jay Gould,1941—2002),美国人,世界著名的进化论科学家、古生物学家、科学史学家和科学散文作家。

神秘的拟态对我有着特别的吸引力。这种现象显示出了一种通常和人造事物相关联的艺术上的完美。想想看，通过翅膀上气泡样的斑点（还配有假折射），或者通过蝶蛹身上有光泽的黄色小疙瘩来模仿毒汁的分泌（"别吃我——我已经被压扁了，尝过了，抛弃不要了"）。想想看，一只像会耍杂技的毛毛虫（龙虾飞蛾的幼虫）的本事吧，在幼年期它看起来像鸟粪，但是蜕皮后长出了稀少的膜翅目附属物和巴洛克式的特征，使得这非同一般的家伙能够同时扮演两个角色（就像东方表演里一个人变成一对交缠在一起的摔跤手的那个演员）：一个角色是蠕动的幼虫，另一个是看上去似乎在折磨它的大蚂蚁。当某只飞蛾在形状和颜色上酷似某只黄蜂时，它行走和摆动触角时也是一副像黄蜂而不像飞蛾的样子。当一只蝴蝶不得不像一片树叶的时候，它不仅出色地表现了树叶的所有细节，而且一般还慷慨地送上斑痕以模仿被蛆虫钻出的洞眼。达尔文意义上的"自然选择"无法解释模仿神态和模仿行为之间神奇的巧合，当一种保护措施在模仿上的微妙、极致和奢华达到了大大超过其捕食者的鉴别力的程度时，人们也无法求助于"生存竞争"的理论来加以解释。我在大自然中发现了自己在艺术中寻求的非实用主义的喜悦。两者都是一种形式的魅力，两者都是一场难以理解的令人陶醉和受到蒙蔽的游戏。[1]

从这段文字中,我们可以看到,作者的能力远不止于对细节的痴迷观察,至少他还有对美的非凡鉴赏力。

而我们的注意力只会在某个事物上短暂停留,然后就悄无声息地溜走了。在一只蝴蝶的翅膀上,或者在一个难以忘怀的名字的发音上:洛—丽—塔。

(《24小时太阳报》周日版 2015年2月8日)

---

[1] 本段译文引自《说吧,记忆》第六章第二节末段,王家湘译,上海译文出版社,2009年。

我和我朋友们的 1977
My 1977, and That of My Friends

最近我读了一些写四十年前那场席卷意大利的青年运动的文章，那是 1977 年，我和我的朋友们都是那场运动的亲历者，它就像暴风雨般迅猛而短暂。但大多数文章我都无法认同，里面写的好像不是我和我的朋友们多年前的所言所思所感。我不打算在这里做历史学或社会学分析，我也不想用我和朋友们的个人体验替代某种历史事实。但我知道，当年有许多人和我有同样的感觉，今天他们一定还在什么地方。我写这篇文章时心里想着他们，还有我当时的很多朋友，以及那些愿意听到另一个版本的，关于那个时期的叙述的人。

这些朋友中一些人会透过玫瑰色的滤镜回望那个似乎已是传说的时代。那是一个激烈对话的时刻，一个充满梦想、充满热情、呼唤变化、憧憬共同建立一个更好世界的时刻，现在回忆起来，他们还带着与当时同样强烈的怀旧情绪。相比之下，在那之后的人生就好像单调乏味多了。不过这绝不是我的感觉。我们当时二十多岁，正是大好年华，对生活的体验是带着浪漫色彩的，在回忆中尤其如此。那不是历史的芬芳，而是青春的芬芳。对我来说，那年发生的事件仍然是非同寻常的，甚至是奇妙的，因为它们开启了某种东西。我的面前出现了一条路。那之后的人生并没有显得更灰暗，因为我和大家一起发现了一道色谱，那些颜色至今还没有离开我。尽管这样说，但1977年之后的那一年对许多亲历者而言无疑是一场溃败。我们热切地渴望改变世界，这似乎一度是完全可能的，但却在严酷的现实前触礁。先是政府的暴力制止，当时我们称之为镇压，接着发生了我们今天称为恐怖主义的暴力行为。当时我们许多人都认为在意大利做"武装斗争"不会有任何结果，它不过是一种极端和愚蠢的反应，是已经失败了的梦想在孤注一掷。我们很多人都知道，那些"叛逆的同志"是一些比同龄人有更加绝对的道德感的青年男女，因此也更容易被道德感蒙蔽，很不幸，历史经常如此。我们想要一些不同的东西，有一个短暂的时刻，和许多人一样，我们都认为变化就要降临；往那个方向前进是可能的。

是哪个方向？梦常有这种倾向，它们一旦结束了，似乎就变得不可思议。但是历史告诉我们，有时候恰恰是那些看起来不可思议的梦想最后变成了现实，与"现实主义者"的期待相悖，法国大革命成功地让贵族阶层和旧制度倒了台；基督教在多神论的异教罗马帝国取胜；亚里士多德的一个学生征服了世界，他的朋友们建起了图书馆，以及学问和研究的中心；一位阿拉伯传教者的信徒改变了数以百万计人的思想和生活……这样的例子还有很多很多。

更多的时候，崇高理想在庸常生活的重压下破灭了。它们昙花一现，它们轰然倒塌，而后归于沉寂。历史有许多无果而终的支流，然而实际发生的事通常要更复杂，历史在曲折的道路中前进。法国五人执政委员会[1]处决了罗伯斯庇尔，威灵顿公爵[2]击败了拿破仑，法国国王重登王位。革命被镇压……但是它真的失败了吗？历史上的运动是由观念、伦理判断、激情和世界观来驱动的。它们通常会走到死胡同。但有时它们会留下印迹，对文明的思想结构产生深刻影响，使其产生不可逆转的变化。革命就像一只老鼹鼠，在历史的土壤中挖了一个深深的洞穴。有时，它会突然露头。掌权阶层会有这样的幻想，什么都不会改变。但是，老鼹鼠会在出其不意的时候出现。我们的文明，我们信奉的这一整套价值观，是历史上无数敢于热切瞩望和梦想的人们的愿景，是无

---

[1] 1815年，在巴黎，当得知法国战败后，拿破仑政府迅速跨台，临时政府（五人执政委员会）取而代之，为首的是约瑟夫·富歇。

[2] 威灵顿公爵（1769—1852），1809年指挥葡萄牙远征军登陆伊比利亚，接连解放葡萄牙、西班牙。1813年晋升为英国陆军元帅，1814年成为英国驻法国大使，获封威灵顿公爵，并参与维也纳会议，反对削弱法国。百日王朝复辟后，指挥英荷联军再度与法军交战。1815年联合普鲁士军队在滑铁卢战役彻底击败拿破仑·波拿巴。

数的观念给我们留下的遗产。

意大利 1977 年的运动，如果孤立来看，是无法理解的。它是二十世纪六七十年代席卷意大利乃至全世界的梦想的迟来的表达——不是最后一个，但应该是较晚的一个，也因此更加强烈。当然，它不是一个精心组织、目标一致的运动，其中有一千条不同的支流。然而，尽管有很大差异，所有这些支流都认为它们归属于同一条河，共享同样的水流——从布拉格广场到墨西哥城里的大学，从美国伯克利的校园到意大利博洛尼亚的威尔第广场，从加利福尼亚城市和乡村的嬉皮士公社到南美的游击队。还有从支持第三世界的天主教游行，到英国的反精神病学运动[1]，从泰泽[2]到约翰内斯堡。尽管在具体态度上有很大差别，但参与其中的人们普遍感到他们归属于同一个伟大的潮流，有同一个伟大

---

1 反精神病学（anti-psychiatry）一词最初出现在英国精神病学家库珀于 1967 年撰写的一篇论文中。这一术语在 20 世纪 60 年代广泛传播，显示它已由一种思想倾向转变为一场名副其实的社会运动。这场运动的发动者包括英国精神病学家兰恩、库珀，美国精神病学家萨兹，还有法国哲学家福柯。在他们看来，疯狂并不是一种自然的实在，而是需要由外在的政治、经济或文化定义的，不过是维护现存社会秩序的手段。精神病、精神病患者并不存在，由此对于精神病的治疗自然成了无稽之谈。与之前以及之后很多对精神病学的批判截然不同之处在于，反精神病学运动不是质疑个别的治疗和政策，也并非仅仅要求更人性的精神病学。他们质疑的是精神病学本身的基础、精神疾病的基本概念以及疯狂和精神健康之间的区分。

2 泰泽，位于法国东部勃根地省的一个小镇，是法国新教弟兄会的根据地。

的梦想，都是同一个"抗争"——这是当时人们常用的一个词——的组成部分，创造一个焕然一新的世界。

人们梦想着建立一个消灭了社会不平等和男权至上的世界，这里没有国界，没有军队，没有贫穷。在新世界里，只有合作，没有争权夺利，没有偏执狂热、法西斯主义、民族主义、狭隘的"认同至上主义"，正是这些导致了一亿人在两次世界大战中丧生。这些都是崇高的梦想，展望一个没有个人财产、没有羡慕嫉妒、没有等级、没有教会、没有强有力政府、没有原子封闭式家庭单位、没有教条的世界。简言之，就是一个自由的世界。在那里，过度的消费主义没有容身之地，你可以为了精神愉悦而工作，而不是为了挣钱、消费或者阶层跃升。

今天，仅仅是提到这些理念，就可能被人怀疑是精神错乱了。但在当时，全世界许多年轻人都认为这是可能实现的。那时候，我去了好几个大洲旅行，所到之处都会遇到志同道合的年轻人。我和我的朋友们在1977年谈论的话题，不是当下的烦恼，什么经济上没有安全感啦，或者担心找不到工作啦。我们不想找工作，我们想的是拥有不工作的自由。关于那个年月，下面是我记忆最清晰的部分。

我们当时一起住在开放的房屋里，没有固定的睡觉场所。和每个年轻人一样，当时我们最主要的事，就是疯狂地恋爱，让自己迷失在激情中。性是被广为接受的一种和人相遇相知的途径，对男女都适用。我们对性的态度是严肃的，将它视作生活的中心，几乎像是宗教。就像宗教充满了它信奉者的生活，我们想用爱情和性爱来填充我们的生活。此外还有友谊、音乐和新的相处方式，总之和前代人那种灰暗、充满竞争的生活方式不同。我们尝试集体生活，消除嫉妒，尝试真正地共存。当然过程中会有争吵，关系会破裂，就像在任何家庭中一样。但是那种归属于一个大家庭的感觉是根深蒂固的：这个大家庭的成员散落在世界各地，正在往一起聚集，就像星际探险者们期待着建立一个新的不一样的世界。我一直在想，欧洲在美洲建立的首批殖民地上的贵格会成员，耶稣在巴勒斯坦时的门徒，最早的基督教徒，参加意大利统一运动的年轻人，切·格瓦拉在玻利维亚的同志，乃至于柏拉图学园中的学生，一定和我们当时的感觉有相通之处……

但是我们在建立新世界的尝试上一败涂地。很快我们就尝到了幻灭的滋味。一些计划因为判断错误而被抛弃，更多的计划则是因为失败而被摒弃。我们理想的可能性就像阳光下的雪一样消融掉了。我们分道扬镳，在各自选定的路上走下去。

那么是否从一开始就不该有什么梦想？我不这样认为，原因有二。第一，对我们许多人而言，那些梦想为我们的成长提供了肥沃的土壤。那时的一些价值观在我们身上植根，而正是这些抱负引领着我们向前。那些年所培育的自由思想的极端形式,就是认为一切皆有可能,都值得探索,每种观点都可以被修正和调试,这为我们许多人后来的人生选择提供了宝贵的滋养。

  第二个原因我不知道是否可信,但它确实存在。在历史进程中,建设一个更好世界的梦想不断地被击垮,但是它们会转入地下,在那里继续保持活跃。最终,它们会促成真正的变化。今天的世界似乎比以往充满了更多的战争、暴力、极端社会不公和偏执、民族主义,不同种族和宗教团体之间互相隔绝、彼此争斗的程度更深。我仍然相信,这个世界不是唯一可能的世界。在这一点上,也许我不是孤单一人。

(《晚邮报》2017年2月15日)

文学与科学:一场持续的对话
Literature and Science: A Continuing Dialogue

文学的伟大在于,它能够传达人类丰富多样的经验和感觉,让我们得以瞥见人性的广阔和博大。文学告诉我们关于战争、冒险、爱、生活的庸常、政治阴谋、不同社会阶层的生活、谋杀者、庸人、艺术家、狂喜、世界的神秘魅力……它是否也可以告诉我们那些和伟大科学相连的真实而深刻的情感?

当然可以,文学中充满了科学。科幻这一文学体裁整个就是以科学为素材的。剧作家们也会在作品中讨论科学,这其中的代表就是布莱希特的《伽利略传》,这个剧本直击科学思想所赖以生存的批判态度的核心:

> 是的,我们要向一切事物重新提出疑问。……我们今天发现了什么,明天就把它从记录板上擦去;当我们再次发现它的时候,再重新把它写上去。当我们想要发现的东西终于被发现了,就必须用怀疑的眼光去看它。……只有当我们失败了,完全没有希望了,我们

> 舐着自己的创伤，垂头丧气的时候，再开始问问自己，也许我们是对的吧，也许地球确实是转动的！[1]

这是剧本接近尾声时的一段话，是布莱希特笔下伽利略对他的年轻助手安德雷亚的回应，因为安德雷亚急不可耐地要立刻找到证据支持一个精彩的想法。许多伟大科学家写下的作品，在文学和科学上都算得上无可争议的经典，比如伽利略的《两大世界体系的对话》。

但只有最伟大的文学作品，才会选择直面科学看待世界的方式。罗伯特·穆齐尔的《没有个性的人》，被认为是20世纪初最智慧的文学作品之一，小说开头是一串干巴巴的气象数据，在段末，它们被翻译成了通俗的日常语言："……换句话说，这是八月里美丽的一天。"在这一段，乃至贯穿整部小说，穆齐尔都在尝试纳入和接受19世纪科学的伟大成功所揭示的世界观：我们生活在一个由数据和数字构成的世界。

弥尔顿在他的《失乐园》中也直面了同样的挑战，不过呈现方式非常不同。在下面这些雄壮的诗句中，弥尔顿思考了当时还停留在假说阶段的哥白尼日心说：

> 倘若以太阳为世界的中心，

---

[1] 引自布莱希特著《伽利略传》，译文参考丁扬忠译本。

> 别的星球都由他的引力而倾向他,
> 在他的周围作各种舞蹈而回转,
> 那会怎样呢?他们的行程
> 时高、时低、时隐,或进,或退、
> 或停止,如所见的六个行星在彷徨;
> 第七颗行星地球,看似不动,
> 倘若在不知不觉间出现三种
> 不同的运动,那又将怎样呢?[1]

这段文字洋溢着兴奋之情:科学迈出重大一步,新的宇宙观在剧烈变动中逐渐形成。弥尔顿的所有诗句都悄然从新科学发现中汲取养分:宇宙的浩渺,宇宙及其运动的和谐而复杂的特征,星际空间和在其中旅行的可能性,太阳的中心地位,外星生物存在的可能性……弥尔顿的字里行间透露出的驱动力,是17世纪科学引起的伟大观念革命。

但是要找到科学的一个纯粹赞颂者,我们需要再往上回溯,找到那个伟大的诗人,他设法将诗歌和科学完全联结起来,展示了它们是如何紧密相连,最终几乎合而为一的。我说的这位诗人是卢克莱修,在他的诗句中,最理性的推演也获得了诗的力量:

---

[1] 引自《失乐园》第八卷,参考朱维之译本,人民文学出版社,2019年。

> 事实上如果种子的数量是如此巨大，
> 以致用生物生存时的全部时间
> 都不能把它们数尽……
> 并且如果它们的力量和本性总是不变，
> 总能够把物的种子各得其所地抛在一起，
> 正如这里在我们这个世界中
> 种子被抛在一起那么样，——
> 那就必须承认在别的地方
> 仍有其他的世界存在着，
> 其他的人类和野兽的种族。[1]

那使科学生机勃勃的自然主义，是莱奥帕尔迪苦恼的源头，却也让卢克莱修内心充满了一种平静："因为正如孩子们发抖而害怕一切／在不可见的黑暗中的东西一样，／我们在大白天有时也害怕着许多东西，／它们其实半点也不比孩子们颤栗着／以为会在黑暗中发生的东西更为可怕。"正是这种彻底的自然主义让卢克莱修，这位最杰出的反宗教古典作家（"宗教曾带来多少苦难折磨……"），怀着光辉的情感转向了维纳斯女神：

---

[1] 引自卢克莱修《物性论》，参考方书春译本，135页，商务印书馆，1981年。这段引文中的"种子""我的种子"在原文中均为"原子"。下面的《物性论》引文均参考这一译本。

罗马的母亲，群神和众生的欢乐，

维纳斯，生命的给予者，

在悄然运行的群星底下，

你使生命充满航道纵横的海洋，

和果实累累的土地，——

因为一切生物只由于你才不断地被孕育，

只由于你才生出来看见这片阳光——

在你面前，女神啊，在你出现的时候，

狂暴的风和巨大的云块逃奔了，

为了你，巧妙多计的大地长出香花，

为了你，平静的海面微笑着，

而宁静的天宇也为你发出灿烂的光彩！

距离卢克莱修生活的时代已经过去了20个世纪，其间新的深不可测的知识，以及新的无边无际的谜团逐渐地在我们面前展开。然而今天，我们还能找到一个人，可以像卢克莱修那样，清晰地吟唱科学之光所揭示的复杂和神秘，以及自然奇异的可理解性和深刻之美吗？

(《24小时太阳报》周日版 2012年3月30日)

科学需要哲学吗？
Does Science Need Philosophy?

我受邀到伦敦政治经济学院做一场演讲，题目是"科学需要哲学吗？"，这同时也是欧洲物理哲学大会的闭幕演讲，旨在回应近期一系列对哲学的非常负面的公开评论，做出评论的是我的一些很有名气的同行。比如，斯蒂芬·霍金写道，既然我们有了科学，哲学已经死了。诺贝尔物理学奖得主史蒂文·温伯格最新出版的书里，有一章的题目就是"反对哲学"。出于对哲学家们的声援，我接受了这个邀请，但压根都不知道自己要讲什么。然后我开始研究这个题目，很快就发现自己被幸运女神眷顾，就像一个小学生被留了一份很难的家庭作业，结果遇到了另外一个人的完美答案，可以照抄下来。我发现，这个题目在一篇鲜为人知的文章里早就有了精彩的论述，文章的作者无疑是一个比我更有天赋的年轻人，他就是亚里士多德。

公元前4世纪，雅典上流社会家庭的男孩子都在柏拉图的学园里学习。但是它并不是这座城市唯一的一所学校，有其他学校挑战它的领头羊地位,其中的代表就是伊索克拉底[1]创办的学校。柏拉图和伊索克拉底的学校之间存在着激烈竞争,就像今天的牛津和剑桥一样。但这种竞争更多不是在教学质量上,而是在教学方法上。柏拉图学园的教育是基于柏拉图本人的思想,他认为一切事务的关键都是要研习那些最基础的东西。你要学的不是如何成为一名法官,雕刻一尊塑像,或者管理一座城市,而是要深入探究公正、美和理想城邦的本质。柏拉图为他的这种方法找到了一个术语,后来它被发扬光大,这个术语就是"哲学",它原本指的是这种教育年轻人和鼓励他们获取知识的方式。伊索克拉底在他的圈子里质疑这种"哲学"方法,认为它毫无用处,没有效果。比如,他这样写道:

> 学习哲学的人也许能够真正做点事情,但是他们一定不如那些直接参与实践活动的人。那些不理会哲学讨论,直接参与实践活动的人,在所有事情上都会取得更大成功。就艺术和科学而言,哲学可以说一无是处。

今天霍金和温伯格批评哲学时,表达的也差不多是同样的意思。但是针对这一批评,柏拉图学园里的一位年轻学

---

[1] 伊索克拉底(Isocrates,前436—前338),古希腊教育家。

生给出了绝妙的回答。亚里士多德，对，就是他，用柏拉图式对话的形式给出了回答，书名就叫《劝勉篇》(*Protrepticus*)，这个词的大致意思是"邀请"（进入哲学大门）。亚里士多德回应了伊索克拉底提出的批评，讨论了为什么哲学这门研究基本原理和抽象概念的学问，对于艺术和具体科学是有用的。这也正是我被安排的演讲题目。

《劝勉篇》在古代是一个很有名的文本，曾被无数作者引用过。亚里士多德有大量著作流传下来，但那些都是在他离开雅典的柏拉图学园后写成的。他先在爱琴海的莱斯博斯岛上待了一段时间，研究鱼和其他动物，并在这个过程中创立了生物科学。后来他成为年轻的亚历山大——这位未来的世界征服者——的老师，他还有其他一些学生，他们后来将帝国割据而治，构成了希腊化世界的统治家族，并在其中广泛传播亚里士多德的思想和价值观。后来他回到雅典，开办了自己的学园，取名吕克昂。亚里士多德流传下来的著作很可能是吕克昂学园使用的讲义，其中没有一部是用对话体写成的。在罗马帝国皈依基督教引发的文化灾难中，那篇写成不久的关于哲学有用性的对话亡佚了，那个时期异教思想遭到了系统性的野蛮破坏，由狄奥多西一世在公元4世纪开始（后来亚历山大图书馆被毁，罪魁祸首很可能是亚历山大城的主教提阿非罗和他的继任者圣济利禄），一直持续到查士丁尼一世，他在公元529年关闭了雅典最后一座传承自柏拉图的学园。

对《劝勉篇》文本的当代重建一直饱受争议。它主要基于古典时代晚期希腊作家扬布里柯[1]的一部广博的作品，他在其中详述亚里士多德的观点，系统性地誊抄和吸收了他的作品。这让我们可以从中对亚里士多德原始的对话进行合理的重建。为了准备演讲，我读了这部作品，并惊喜地发现，亚里士多德关于哲学对科学之有用性的论点在今天依然完全适用。我只需要把它们复述下来，稍作调整。

第一个论点是最好笑的，但也是很敏锐的。亚里士多德注意到，那些批评哲学对科学无用的人，在思考的并不是科学问题，而是哲学问题。

当霍金和温伯格做伟大的物理学研究时，他们是科学家。而当他们写道，哲学对科学无用时，他们不是在尝试解决某个物理学难题，而是在思考什么被认为是有用的，什么样的方法论和概念框架对于科学研究是适宜的。这样的思考是有用的，而这也正是哲学的使命。霍金和温伯格的这种傲慢的实用主义和"反哲学"态度，事实上，源头正是哲学！

---

[1] 扬布里柯（Iamblichus，约245—325），新柏拉图主义思想家，开创了新柏拉图主义的叙利亚学派。后人对扬布里柯评价不一：有人认为他是古典希腊哲学之最终堕落的代表，也有人视他为柏拉图主义观念过渡到中世纪的重要环节。其著作有《毕达哥拉斯的生平》《哲学规劝录》和《尼各马库〈数论入门〉评注》等。

我们可以很容易将这种态度追溯到那些影响了他们那代科学家的哲学家：卡尔·波普尔和托马斯·库恩之后那些反形而上学的逻辑实证主义者。霍金和温伯格只是在重复来自科学哲学的观点。而他们不仅没有意识到这一点，甚至都没有掌握这方面的最新进展，因为科学哲学在波普尔和库恩之后已经取得了一些有用的进步……

亚里士多德的第二个观点是最直接的，即对于基本原理的分析，实际上会对科学施加影响。

在公元4世纪，这听起来可能像是一厢情愿的想法，但今天它已经是无可辩驳的历史事实：哲学思想对于西方最顶尖科学的影响已是深刻而持久的。没有笛卡儿，就不会有牛顿。爱因斯坦直接从莱布尼茨、贝克莱[1]和马赫[2]那里汲取思想资源，并从庞加莱[3]的哲学著作中获益良多；更不用提他晚上睡觉前都会读叔本华的著作，在不满15岁时，他就已经读完了康德的三大批判合集[4]。从维尔纳·海森堡这位量

---

1 乔治·贝克莱（George Berkeley，1685—1753），18世纪最著名的哲学家、近代经验主义的重要代表之一，开创了主观唯心主义。并对后世的经验主义的发展起到了重要影响。
2 马赫（Mach，1838—1916），奥地利物理学家、唯心主义哲学家，经验批判主义的创始人之一。
3 庞加莱（Jules Henri Poincaré，1854—1912），法国数学家、物理学家和天文学家。
4 指康德的《实践理性批判》《纯粹理性批判》《判断力批判》。

子力学创始人的文章中,能够清晰地看到实证主义和马赫对他的影响。没有实用主义的影响,战后美国物理学的发展是无法想象的。这样的例子不一而足。要完整地列出一个清单会非常长。哲学思想打开一扇扇窗户,让我们摆脱偏见的桎梏,暴露出逻辑的前后矛盾和漏洞,指明新的方法,总体上让科学家解放头脑,看到新的可能性。它在过去就一直发挥着这样的作用,将来也将如此。

哲学思想有这么重要的作用,是因为科学家不是一个背负着固定"概念行李"的与数据和理论打交道的理性存在;他是一个真实的存在,随着我们的知识逐渐增长,他的"概念行李"也在逐渐演变。哲学家的本职工作就是阐述整体的概念框架。哲学和科学接驳的领域首先就是在科学方法论上,因为它的特点就是在时时变动。亚里士多德写道:"哲学为怎样开展研究提供了指引。"

亚里士多德的第三个论点是一个简单的观察:科学需要哲学,"特别是在疑问最多的地方"。

当基本原理遭到质疑,科学处于剧烈变动的时期,也是它最需要哲学的时候。一个典型例子是我们当下,当基础物理学面对量子重力的问题(也是我研究的课题)时,我们的时空概念再次成为讨论的主题,昔日——从亚里士多德到康德,一直到大卫·刘易斯——关于时空的争论再次变得重要。

不，哲学对科学不能说是没用的。恰恰相反，它是灵感、批评和想法的重要源头。

如果说过去的伟大科学得到了哲学的滋养，那也可以说，过去的伟大哲学也得到了科学的热情滋养。如果没有牛顿，我们是读不懂休谟和康德的著作的。同样，没有哥白尼，就不会有笛卡儿；没有前苏格拉底时代的物理学家，就不会有亚里士多德；没有爱因斯坦的相对论，就不会有蒯因。即使像胡塞尔和黑格尔这样地位崇高的哲学家，似乎跟当代科学不沾边，其实也吸收了他们时代的科学成果作为其哲学思考的一个参照系。

在我看来，对当代科学知识视而不见，简直就是无知，而欧洲一些国家的哲学研究就是如此。更糟糕的是，哲学中的一些思潮将科学知识认为是"非本真的"，或者是低等的，将其视为一种主观而任意的思想组织形式，并不比其他形式更有效。它们让我想到坐在公园长椅上的两个退休老人，一个嘀咕着说："科学家真是自负，居然以为他们能够理解意识，或者宇宙的起源。"另一个嘟囔着说："真是傲慢啊！显然他们永远无法成功！要理解这些，当然需要……我们两个一起才行！"

我们的知识是不完整的，但它是一个不停增长的有机体，每个部分都会影响其他部分。拒绝聆听哲学的科学会变得肤浅，而忽视同时代科学知识的哲学是愚蠢和贫瘠的，因为它背离了这个学科的最深层的根源,"哲学"这个词的词源清楚地阐明了这一点——"爱知识"。

(《晚邮报》2016年8月30日)

章鱼的思想
The Mind of an Octopus

前些年，我和几个朋友一起乘船旅行，一个朋友潜到水下去寻找章鱼，但爬回船上时却两手空空，神色有些不安。"洞里有一只章鱼，"他告诉我们，"但我没有抓它，因为它盯着我，两只大眼睛充满了恐惧，我一下子慌了神。"

几天前，《卫报》刊登了一个书单，关于意识本质的十本最重要的书。不出所料，排在第一位的是丹尼尔·丹尼特[1]的经典之作《内容与意识》。但是排在第二位的书却让人有些意外，它是彼得·戈弗雷-史密斯的《其他心灵》，是一本关于章鱼的书。这种除了头全是腕足的有趣海洋生物，到底跟意识有什么关系呢？

我那位朋友描述的情景在关于章鱼的文献记录中比比皆是。在研究它们的实验室里，科学家们讲过这样的故事：章鱼能打开罐头盒；能秘密地从它们待的水箱里逃出去然后再

---

[1] 丹尼尔·丹尼特（Daniel Dennett），1942年生于美国波士顿，1965年取得牛津大学哲学博士，现任塔夫茨大学哲学教授与认知科学研究中心主任。

回来，出来进去还不忘把盖子盖上；能认出研究组里每一个科学家，往不喜欢的科学家身上喷水；要是灯光让它们不舒服，还能想办法让灯泡短路……在自然环境里，人们观察到它们行为复杂、适应能力强，似乎有能力识别和解读身边生物的态度和身体语言。

章鱼有复杂的心智能力，这对于它这一类的生物而言是很不寻常的，在很多方面与哺乳动物类似。它们拥有一个极为复杂的神经网络。一只章鱼的神经元可能和一只狗或者一个孩子一样多。这些特征使它们成为关注意识问题的研究者眼中有价值的个案研究对象。

"意识"是一个含混不清的词语，有多重含义。在过去几十年中，"意识本质的问题"这个提法已经取代了过去被称为灵魂、精神、主观性、智力、知觉、理解、自在、自我意识等的问题。这并不是说这些问题都是等价的，显然并非如此，关于"意识问题"的含义，每个作者都会给出不同的解释。但是"我们的主观经验怎样从自然实在中产生"已经成为核心问题。一个原因是，主观性的存在依然是那些来自各个领域的抵制自然主义视角的人最坚持的一个论据。在自然的宏大游戏中，我所感知到的这个"我"究竟是什么呢？

解决这个问题的一个方法是观察我们的非人类近亲。就算这不能给我们所有答案，至少可以帮助澄清这个问题。我们和猫或狗有很多相似之处，和大猩猩的相似之处更多。所以就有了一些不同的问题。第一个问题是关于观察、预测、互动、沟通、忍受和爱之能力的本质——这是我们和许多哺乳动物都有的能力和特征。第二个问题可能没那么有趣，即如果有一种东西将我们的经验和我们哺乳动物近亲的经验区分开来，那么它是什么。发现一只猫的大脑怎么运作是一回事，而理解人类和猫的大脑运作方式上是否不同、怎样不同，完全是另一回事。跟往常一样，要理解我们自己，没有比将我们与其他动物相比较更好的方法了。

但是，哺乳动物的大脑和行为与我们人类太过相近，如果我们走得太远，找一些生物学关系离人类很远的生物，就失去了比较的意义。我们也许可以深入地理解一个阿米巴原虫的运作方式，但这并不能让我们对自己的了解增加多少。理想的情况是，我们可以找到一个外星族类来进行研究，它们来自另一个星球，在意识要素上和人类有可识别的相似特征，但却是由不同结构产生的。也许那样我们就可以发现，在我们所谓的意识中，哪些是核心的，哪些是次要的附带物。

但至少现在，这种外星人还只会出现在大银幕上，而且它们通常会极其缺乏想象力地模仿人类。也许纯属巧合，有时它们最让人奇怪的一点，是它们会捍卫人类文明正在讨论的价值观。事实上，我们是孤独的：在我们自己和我们最近的亲属之外，我们没有任何可以用来比较意识或智力的东西和人。而就在这里，章鱼登场了。

章鱼是人类一个很远的远亲。我们和章鱼共同的祖先，生活时代距今有几亿年，和这比起来，我们和猫共同的祖先不过是寥寥几代之前的事。遥远的时间距离极大地增加了我们之间的差异，章鱼生活在一个巨大的动物界，那里类似人类意识和智力的迹象是罕见的。在那里，它们是格外突出的，因为它们有着极为复杂的神经系统，神经元数量和哺乳动物相近，尽管在进化意义上和人类相距甚远，它们是单独进化的。自然似乎在创造智力方面至少做了两次实验，一次在是我们这个分支的家族身上，第二次就是在章鱼身上。简言之，章鱼是我们一直在寻找的外星生物，可以用来研究一种可能的对意识的独立实现。

彼得·戈弗雷-史密斯是一位关注意识本质问题的哲学家，也是一位狂热的潜水员和一位文笔极佳的写作者。《其他心灵》是一部科学普及作品，描述了这些特殊生物的天才行为，这同时也是一部关于意识本质的令人信服的著作。书中写道，意识不是某种要么存在，要么不存在的东西，而是以不同程度和不同形式存在的东西：它是有机体和世界的关系的外显形式。

我们对章鱼智力复杂性的兴趣，不仅在于它和人类智能的相似性，还在于两者之间的差异。章鱼的神经结构和我们的不同，它没有集中在大脑，而是散布在整个身体，包括它的腕足，就在身体表层之下。这是一种复杂却极为异质性的智力。把章鱼的一只触手从身体上切割下来，它仍然有处理信息的复杂能力。

章鱼有不可思议的大幅度改变皮肤颜色和花纹的能力，改变的速度很快。它表皮的颜色受到一种极为丰富的弥漫神经元网络的控制，颜色变化也可被用作一种沟通方式。我很容易想象做一只猫是什么感觉。一个炎热的夏日午后，我看到一只猫在阳光下伸着懒腰，很容易就能和它产生共情。然而，成为一只大脑散布全身、每一条腕足都能独立思考的章鱼是什么感觉呢？

在浩瀚无垠的宇宙群星中，大自然很可能创造出了各种形状和形式的存在，我们人类只是许多生命形式中的一种。谁又知道在浩瀚宇宙中到底存在多少种复杂的生命形式，有的地方跟我们相似，其他地方又跟我们不同？也许在我们的海洋中就游弋着这样一种生命形式。我那位朋友与小章鱼偶遇，被它那双充满恐惧的大眼睛搅得心神不宁，也许不过是不同"意识"形式相遇碰撞出的火花。

（《24小时太阳报》周日版 2017年9月29日）

为什么存在不平等?
Why Does Inequality Exist?

当欧洲人最初与土著接触时,他们认为这些人的生活方式从史前时代起就是如此,几千年来从未变过。这个观点一度被批评为幼稚,但今天,它有了新的支持者。这是人类学和考古学之间大规模跨学科合作的结果。

人类学家在世界各大洲的当地人口中进行了数十年的工作,提供了关于他们生活方式和文化的充足而详尽的描述。同时,数十年的考古挖掘,也为我们勾勒出了日益精确的史前生活画面。这两者之间的对比参照是很有启发性的。我们发现了相似的物体、相似的护身符、相似的房屋和村庄结构、相似的食物及商业交易、相似的仪式等,不一而足。因此,人类学家研究的"土著"人群确实可以作为一个窗口,让我们了解人类在石器时代不同阶段的生活方式,这种推断是合理的。通过他们的眼睛去观察,可能就和通过我们之前数千个世代的眼睛去观察是一样的。

这是《人类不平等的起源:通往奴隶制、君主制和帝国之路》一书的出发点。这本书是由考古学家肯特·弗兰纳里和人类学家乔伊斯·马库斯合作撰写的。他们两人以对前哥伦布时代中美洲文化所做的重要研究而著称。

这项研究的最终成果，是一篇关于人类社会不平等起源的惊人的论文，这一研究主题有着重大的政治和社会意义。许多社会，包括民主国家，都是等级严格的：亿万富翁和穷人，贵族和平民，将军和士兵，自由民和奴隶，等等。这种普遍的不平等的起源是什么？人类一直都是如此等级严明的吗？在这一问题上古典政治思想是有分歧的，有许多理论针锋相对。从不平等的神圣起源说——主张由于神的恩典，贵族和资产阶级加尔文主义者，国王和教宗生来就比其他人高贵——到那篇著名的也常常遭到嘲讽的论文《论人与人之间不平等的起因和基础》，这是年轻的让-雅克·卢梭在1755年发表的，它提出一个观点，即原始社会是一个平等的社会，其中所有男人和女人拥有平等的尊严，资源也是平均分配的。卢梭认为，这种"高贵野蛮人"的理想状态随着社会分层的出现而消失，这种分层导致了社会阶级、权力和不平等的形成。《社会契约论》发表于法国大革命前夕，开篇就是那句振聋发聩的"人生而自由，却无往不在枷锁之中"。

时至今日，新近的研究提供了支持卢梭的证据。在农业发明之前，在部落和氏族这样复杂的社会结构形成之前，我们的祖先过着狩猎采集的生活，组成一个个小群体，社会平等在其中得到积极捍卫。

古代过着游居生活的狩猎采集部落，其社会基本单位是大家庭，由10至20个有密切血缘关系的成员组成，它又通过一个活跃的礼物交换网络，与居住在同一区域的其他大家庭保持着联系。这里没有财富的累积，没有"阶级"差别。即使是对个人高超技艺，比如狩猎技巧的认可，都受到文化的节制。在纳米比亚和博茨瓦纳之间的卡拉哈里沙漠，有一个叫"坤"（Kung）的民族，一位技巧高超的猎手的狩猎成就会得到大家的欢呼，也会受到一定程度的批评讽刺，比如大量的猎物很快会受到嘲讽，被说成"一大袋里除了皮就是骨头，毫无用处"等。这个社会致力于确保没有人感觉或者发现自己处于任何优势地位。

狩猎的战利品立刻就被分割并分配下去。一个能力和智慧超群的人，如果能够说服其他人听从他的决定，人们会时常聆听他的意见，但这个群体没有领袖，任何谋求统治地位的人都会立即被群体放逐。一个家庭积累的唯一财富就是通过众多礼物交换而建立的邻里关系。在困难时期，这些邻居们会乐于回报曾经的恩惠。这似乎是几万年来人类基本的生活方式。

但是在约一万五千年前，随着人类在土地上耕作能力的提高，人口增加，人们需要形成更大的群体来进行协作，这使得一个新的社会结构开始发展，社会差异逐渐产生，平等的价值受到削弱。这种结构后来最普遍的形式是氏族，由许许多多个大家庭组成。氏族创造了一种新的身份，既不是严格意义上的"家族身份"，也不依赖于礼物交换。虽然它可能尊崇某个传说中的祖先，但却是以一个具体机构为基础的，青年男子在其中努力寻求归属感，逐渐了解本族的秘密。村庄的中心建筑称为"男人房"，这是一个社会化场所，青年男子在那里了解和学习本氏族的价值观。我们在各个大洲的土著村庄里几乎都能找到类似的建筑，考古发掘也证实了这一点，它将我们带到了那个从狩猎采集的原始阶段开始过渡的时期。"男人房"是许多现代机构的雏形，从教堂到学校，从兵营到大学。氏族生活围绕这个地方展开，往上可以追溯到传递本族创始神话的复杂仪式。

正是在这一阶段，个别人的显著成功开始得到社会承认。也是在此时，男人开始为他们的性别赋予更高的价值，自命为社会的中坚力量，进而将女人边缘化。那些已经被群体接纳的年长的人获得了比年轻人更高的地位，而年轻人也必须经历和完成整个过程。氏族是由成功的少数人来管理的，他们控制了典礼和入族仪式，负责保管它的秘密知识。

后面第二阶段，在近东地区开始于7500年前，在秘鲁开始于4000年前，在墨西哥开始于3000年前，一个享有特权的精英群体组织起来，以积极地巩固权力，让他们的权力可以代代传承。就是在这个阶段，村庄之间的冲突发展成为征服战争，宗教重组，我们的两位作者[1]写道，人居住的房屋成为庙宇，这是做礼拜的场所，专为崇拜一个主神而设，他们的特权正是由这个神赋予的。不同社会在不同阶段间来回摇摆，某个阶段以精英统治和权力集中为特征，其他阶段则以多数人重新建立平等价值为特征。比如人类学家在印度和不丹之间的阿萨姆山里，发现了一个名为"猎头纳嘉"的氏族，它周期性地在一个基于承认个人才能的更平等的社会结构（称为"thenkoh"）与一个基于阶级，有着世袭领袖的结构（称为"thendu"）之间互相转变。

《人类不平等的起源》一书对全球各个角落的人类生活进行了大量生动的描述，其精彩之处，这篇短文无法尽述。比如，为求好运，庆典必不可少的环节是，袭击附近的村庄，砍掉几个头颅（这显然是一个非常普遍的习俗）。为了获得声望，人们会互相比拼着送礼，礼物规模不断升级（我送你一头猪，你给我两头，我给你三头……），直到一方再也还不起礼，他便不得不屈居被奴役的地位。这本书是一个充满迷人故事的宝库。对古代社会如何塑造了现代社会这个话题感兴趣的人，都应该读一读。

当然，我们不应对还在进行中的研究所得出的结果做过

---

[1] 指上面提到的《人类不平等的起源：通往奴隶制、君主制和帝国之路》一书的两位作者。

多解读。关于我们的过去，依然还有很多秘密等待发掘。但是有一个观点很难推翻，那就是在人类历史上一个极其漫长的时期，其社会规范都是某种平等主义。

抑制不平等以促进社会发展，这种做法自古代希腊罗马时期的大规模皇家狩猎开始，便深深植根于我们的文明之中。在第一罗马共和国时期，公元前367年制定的《李锡尼法》限制了最富有的贵族可以拥有的财富数量（土地和牲畜）。现代世界的发展也以追求平等为标志，从废除奴隶制到18世纪废除贵族和神职人员的特权，直到现代的民主国家观念，认为每一张选票都有同等的价值。今天，那些高喊民主的话语已经无法遮掩一个事实，那就是，财富分配在变得前所未有的不平衡，世界已经见证了一批超级富豪精英的崛起，权力高度集中于这个阶层。

19世纪和20世纪的平等理想，在几十年前还非常活跃，然而今天已经褪色，受到嘲弄。也许它只是社会进程中摇摆的一部分，就像阿萨姆山里的"猎头纳嘉"氏族所经历的那样。在我们的文化基因深处，可能在上万年的时间里，社会并不理想，但始终在尝试更平等地分配它的资源，其中所有男人和女人地位都是平等的。

（《共和国报》2015年8月12日）

古代战争的巨大回响
Dramatic Echoes of Ancient Wars

在肯尼亚图尔卡纳湖的古老岸边,有一个名为纳塔鲁克的地方,一项惊人的考古发现显示,一万年前那里发生了一场战争,其留下的迹象今天看来依然恐怖。这一消息刊登在《自然》杂志上,作者是一个由来自英国、肯尼亚、澳大利亚和印度的考古学家组成的团体。这一发现的重要性在于,它有助于我们理解一个极为紧迫的问题:人类为什么发动战争?

关于战争的起源主要有两个理论。第一个理论认为,战争是相对近期的事情,是随着农业的诞生出现的,因为人们开始积累资源,比如谷仓里储藏的粮食。这些资源成为其他群体艳羡的对象,从而开启了抢掠和暴力的循环。支持这一假设的因素有两个,一是那些今天还遵循着前农业、前畜牧时代生活方式的人们,通常不会发动战争。在人类历史上数千年的时间里,他们依靠狩猎和采集生活,这种维持生活的方式无法积累资源,因为剩下的食物会很快腐败变质,所以最好是赶快送人，换得感激和认可。而对于这些群体来说，与其他群体相遇，就是交换礼物和求偶的机会。第二个支持上述理论的观察是，在倭黑猩猩——它是与人类最相似的两个物种之一——群体中，是没有暴力存在的。当这些体形娇小、精力充沛的西非黑猩猩群体相遇时，总是会兴高采烈地庆祝。

相反的理论则认为，群体之间的争斗是人类与生俱来的倾向，在人类的漫长历史中，几百万年里，战争一直存在。另一个与我们相近的物种——黑猩猩的行为，支撑了这第二个观点。这些黑猩猩群体之间的激烈对抗非常普遍，而且会引发杀戮。

哪种理论是正确的呢？在人类史前历史的数十万年里，我们组成小群体在世界上过着四海为家的游居生活，用弓箭狩猎，采集药草、浆果和根茎，当时，在我们遇到另一个人类群体时，是高兴还是害怕呢？我们想的是怎样先发制人将长矛刺入他们的肚子，还是把它当作一个交换礼物以及青年男女互送秋波的机会？

图尔卡纳湖的考古发现给这一争论提供了新的信息。一万年前，在湖畔的纳塔鲁克——当时的图尔卡纳湖比今天要大很多——发生了一场大屠杀。所有证据都表明，这是一个人类群体对另一个人类群体的屠杀。这是我们迄今发现的最古老的人类冲突的证据。二十七具骸骨，有男有女，还有孩子，姿势各异，没有经过仪式埋葬。他们身上有明显的暴力创伤痕迹：压碎的头骨、胸廓中有石制箭头，其中一些人似乎曾被捆绑，受害人的胳膊和腿上有严重创伤和断裂。还有迹象显示当时使用了狼牙棒、箭和长矛。一个男人的头骨中还卡着一个黑曜石制的刀片，另一个男人的头盖骨受到重击，脸的一部分压得粉碎，他的膝盖上还卡着一个箭头。他很可能是脸朝下跌进了一片低洼的环礁湖。一个怀孕的女人姿势扭曲，显示出她的手和脚在被分别绑上后，又被绑在一起。这个地方还没有被充分发掘，这场屠杀中死去的人可能无法计数。从使用的武器遗迹来看，有来自另一个地区的黑曜石制成的刀片，表明图尔卡纳湖边这场冲突的至少其中一方可能来自其他地方。我们面对的是古代战争的巨大回响。

这一发现坐实了关于战争起源的一项证据：在一万年前，东非还没有发生伟大的新石器革命，农业尚未普及，文明诞生之前，人类群体之间已经存在暴力冲突，这些冲突可能最终升级为大屠杀。

这是否意味着战争长久以来一直与人类同在呢？我们怀有的终止野蛮战争的希望是否只是文明的高尚产物，而且只是最近才出现的？

答案可能是否定的。与此相反，研究这一发掘现场的考古学家指出，这里的发现也许正可以证明战争本身是历史新近的产物。一万年前，图尔卡纳湖西岸极为富饶，足以养活大量密集的狩猎采集者群体。那里已有使用陶瓷器皿的迹象，表明人们减少了游居迁移，原始资源的积累已经开始。而一万年前距离第一座金字塔的修建时间并不遥远。如果这些线索能够得到证实，而且没有明显的证据指向暴力冲突曾在人类历史上这个时期之前存在，那么这里的发现会证明，战争是历史较晚近的产物。这也证明了我们这些经过几百万年进化的人类，并不像这些骸骨和每天的新闻所显示的那样凶残。我们许多人对战争的痛恨可能是植根于人类本能的心理结构中的。

"延续万年的丑闻"，是我心目中最伟大的意大利小说之一，艾尔莎·莫兰黛的《历史》的副标题。"万年"恰恰是纳塔鲁克那些考古发现距今的年份，就好像莫兰黛早就知道它似的，她具有强烈的人性，能始终用清醒而动人的目光看待生活。一万年是漫长的时间：对于无数绝望的受害者而言是太长了，比如小说中的伊达·拉蒙多，那令人难忘的乌塞佩的母亲[1]，那个在图尔卡纳湖边被缚住手脚而后杀害的孕妇，还有今天的伊达·拉蒙多们，她们正在躲避落在阿勒颇的那些炸弹。但是也许我们可以换一种角度看待艾尔莎·莫兰黛的这个表达，毕竟这场丑闻的延续期限只有一万年，而

---

[1] 在《历史：延续万年的丑闻》中，伊达是一个淳朴的小学教师，有一半犹太血统，在战争中遭到德国士兵强奸，生下私生子乌塞佩。

非数百万年。这场丑闻的确漫长,但也许我们现在从中抽身还不算太晚。

(《晚邮报》2016年2月11日)

关于政治的四个问题
Four Questions for Politics

很快,意大利就要举行一场选举,我认为有四个最严肃的问题,我会投票给那个在处理这些问题上最可信的党派。

第一个问题是战争的扩张,它导致了极端的苦难、难民的产生和社会动荡。第二个问题是气候变化和其他生态和医学危机,这将人类的未来置于危险之中。第三个问题是目前急速恶化的经济不平等状况,以及那种不道德和引发冲突的财富集中。第四个问题是巨大核武库的存在,这将持续构成一种真正可怕的风险,近期不断有人威胁启用它们,使风险进一步增加。

在我看来,这四个问题对我们所有人都构成了严重威胁。只有政治可以解决它们,但只有我们这些公民选择奖赏有志于解决这些问题的政治力量时,这才是可能的。

在外交政策方面,意大利是世界最发达的工业国家之一,英国脱欧后,它成为欧盟三个主要成员国之一。它不需要总是追随其他西方国家。它可以昭示自己的存在,表达自己的价值观，就以上四个问题中的每一个提出具体解决方案。它可以采取明确的反战立场，在世界范围内撤军，将它们置于联合国的管辖之下。

在国内，意大利可以停止在屠杀中助纣为虐，因为它现在还是世界主要军火出口商之一。每天，撒丁岛上制造的炸弹都会让无辜的家庭在也门蒙难。

它可以采取先进措施，减少碳排放量，制定有利于环保的政治目标，其他有远见的国家已经在这样做了。

它可以尽力缓解国内的社会不平等，最直接和传统的方法，就是向最富的那部分人征税。财富再分配是国家的一个主要功能，现在财富日益集中的状况是极端和危险的。

它应该理直气壮地将他人在其国土上部署的所有核武器全部移除。它有这个权利，以及对自己和对他人的道德责任。

这就是四个主要目标，达成这些目标并非不现实：历史上，人类知道如何找到方法来一次次地阻止战争爆发，对保护环境的措施达成协议，纠正严重的社会不平等问题，裁减核武库。我们现在没有理由不这样做。

但是要做到这一点，需要我们每一个人的参与，最简单的形式就是投票给一个想要这样做的党派。

这些目标每一个要达成都要付出无可避免的政治成本，因为每一个都会触及一些人的利益。我会为那个立志达成这些目标的党派投票。

我认为只有将共同利益置于个人利益之上,只有通过合作而非对抗,我们所有人才会拥有更好的未来,最严重的危险才能得到避免。我们要诉诸对话而非武力,要与他人沟通而非恐惧他人。在我们自己的国家乃至全世界,我在等待一个党派来说这样的话。

(《晚邮报》2018年1月2日)

国家认同是有毒的吗?
National Identity is Toxic

英国是一个古老的国家,我的祖国意大利是一个相对年轻的国家。两国人都为本国历史感到骄傲。两者都有鲜明的国民性格:你在国际机场能够很容易认出人群中的意大利人和英国人。我自己身上就有意大利人的特征,比如我说话时总忍不住挥舞双手,我在维罗纳的房子地窖里存放着古罗马时期的石头,我小时候崇拜的英雄是达·芬奇和米开朗琪罗……

然而,这种国家认同只是我们身上薄薄的一层,此外还有其他更重要的东西。但丁塑造了我受的教育,但是,莎士比亚和陀思妥耶夫斯基对我的影响还要更大。我出生在保守而褊狭的维罗纳,来到开放的博洛尼亚求学时,体验到了某种文化冲击。我是在特定的社会阶层长大的,我跟地球上其他地方这个阶层的人有同样的习惯和偏好,我与他们的相似之处,比起与我的大多数意大利同胞要更多。我属于特定的一代人:我与一个同龄英国人的共同之处,要大于与一个不同代的维罗纳人。我的身份来自我的家庭——它像每个家庭一样，是独一无二的，来自我成长过程中的朋友们，来自我年轻时选择的文化族群，来自我成年后结交的五湖四海的朋友。

我们的身份首先是来自与他人共享和培育的一些价值观、思想、图书、政治梦想、文化偏好、共同目标，我们为之一起努力。它们在一些大大小小的社群中传播，而这些社群完全跨越了国家的界限。这才是我们所有人的身份：多个分层的组合，整个人类在其形式多样、不断变化的文化中编织的交流网的结点。

我说的事实显而易见。那么，如果这就是我们每个人丰富多样的身份，为什么我们还要组成国家来进行集体政治行动，以对同一个国家的归属为基础而形成彼此的认同呢？为什么有意大利？为什么有英国？

问题的答案很简单：并不是国家认同决定了权力的结构方式，恰恰相反，是权力结构创造了国家认同。从我的祖国意大利来看，可能比从女王陛下那古老高贵的疆域看，更容易认清这一点。与英国不同，意大利是个年轻的国家，至今依然有些运转不良。但模式都是一样的。任何新的权力中心一旦出现——通常是通过血与火的战争——不管上台的是新国王还是19世纪的自由资产阶级，它的主要任务就是倡导强烈的集体认同感。"我们已经缔造了意大利，必须接着缔造意大利人！"这是意大利统一运动先驱马西莫·德·阿泽利奥的名言。

我一直都惊异于不同国家所教授的历史课程是多么千差万别。对于法国人来说，世界历史是以法国大革命为中心的。对于在意大利长大的人，（意大利）文艺复兴和罗马帝国是具有世界意义的重大事件。对于美国人而言，独立战争是人类历史的重大事件，它让人类迎来了现代世界、民主和自由，而这场战争的敌人正是……英国。对于印度人来说，文明的根源要到吠陀时代去寻找……每个人都觉得其他国家视角下的历史歪曲得有些荒唐，却没有人反思他们本国的版本。

我们常常从冲突和斗争这种宏大叙事的视角来解读世界，其中，我们与本国同胞处于同一阵营。这些刻意制造的叙事，是为了让人产生对某个家庭的归属感，这个家庭就是国家。在不到两个世纪前，卡拉布里亚[1]还有人自称"希腊人"；不久之前，君士坦丁堡的居民还自称"罗马人"；在苏格兰和威尔士，不是所有人在2018年世界杯中都支持英格兰……

请不要误会，我不是说，国家认同一定都是不好的。相反，将不同的人群——比如威尼斯人和西西里人，或者不

---

[1] 卡拉布里亚，意大利南部的一个大区，包含了那不勒斯以南的意大利半岛。

同的讲英语的部落——团结起来，让他们能够为了共同的利益而协作，这是明智和有远见的政治。内斗显然要比协作糟糕得多。让所有人受益的是合作，而非冲突。整个人类文明是合作的结果。不管那不勒斯和维罗纳之间的差异有多大，将它们之间的边界消除，对所有人都更好。思想和商品的交流、凝视和微笑，这些都构成了文明的脉络，让所有人在商品、智慧和精神上都得到丰富的供给。将不同的人会集在一个共同的政治空间里，这对每个人都有利。用一点意识形态和政治戏剧来加快这一进程，防止内部冲突，是一个有用的策略，不管它是否虚假。它或许是在欺骗人们，但谁又能否认合作要比冲突更好呢？

但也正是在这一点上，国家认同变得有毒。它原本是为了加强团结，最终却变成了更大范围合作的障碍。它原本是为了减少内部冲突，最后却挑起了破坏性更大的外部冲突。意大利的开国者们本是怀着良好动机而倡导国家认同的理念，但仅仅几十年后，这却导致了法西斯主义的诞生，它是对国家认同的一种极端的美化和颂扬。意大利的法西斯主义催生了希特勒式的纳粹主义。德国人围绕"德意志民族"的激情高昂的国家认同，给德国和世界大部分地区带来了灾难。当国家利益引向冲突而非合作，当人们不再寻求协商制定规则，而更愿将本国利益凌驾于其他一切之上时，国家认同就变得有毒了。

当民族主义和迷恋至高主权的政治在全球蔓延，紧张关系便会加剧，播下冲突的种子，对我们所有人构成威胁。我的国家就刚刚沦为这种鲁莽行为的受害者。作为回应，我想现在是时候大声而清晰地说出来：这种国家认同是一个骗局。为了共同利益而超越局部的利害是好事，但当人们将一个完全人为制造的团体——"我们的国家"——的利益置于更广泛意义的共同利益之上时，它就是短视的、适得其反的。

地方主义和民族主义不仅是一种误判，它们提供了一种身份，满足了人们的情感诉求，而它们的权力也正来源于此。政治喜欢利用我们对归属感的强烈渴望。"狐狸有洞，天空的飞鸟有窝，人子却没有枕头的地方……"[1] 国家提供的正是这样一个栖居之地，一个虚构的家园：这种有毒的国家认同是虚假的，但它成本很低，且在政治上有利可图。

我们不是没有国家认同，我们确实是有的。但是我们每个人都是多种多样身份的集合体。将国家放在首位可能就意味着对其他身份的背弃。这并不是因为世界上人人平等，而是因为在每个国家里的我们都个个不同。这并不是因为我们不需要一个家园，而是因为在国家主义的剧场外，我们还有许多更好更高贵的家园：我们的家人，我们的旅伴，以及和

---

1 《新约·马太福音》8：20。

我们有共同价值观的人群，他们散布在世界各处。不管我们是谁，我们都不是孤单一人，有许多人与我们站在一起。我们还有一个很棒的地方可以称为家——地球，以及一个了不起的五彩斑斓的族群，其中有和我们相处自在且有共鸣的兄弟姐妹——人类。

（《卫报》2018年7月25日）

哪种科学更接近宗教？
Which Science is Closer to Faith?

梵蒂冈天文台举办了一场小型会议，邀请了一些重量级科学家与会，其中就有几位诺贝尔奖得主，会议地点在美丽的甘多尔福堡，位于罗马城的后山上，是教宗夏季别墅的所在地。这次会议旨在让科学家们就"黑洞、引力波和时空奇点"的主题交换意见。在蒙昧主义势力日益扩张的灰暗背景下，这一小撮科学家代表了光明、深刻和理性。我记得几年前我曾到访甘多尔福堡，当时的天文台台长是乔治·柯尼，一个深刻的思想者，他的谈话和文章都曾影响过我。那次我也见到了盖伊·康索马格诺，也就是现任天文台台长，当时他充满热情地跟我谈起"他的"陨石，我意识到他和我一样，对科学、对宇宙及其奥秘充满热爱。

举办这次会议也是向乔治·勒梅特致敬，这位伟大科学家今日在公众中的名气还及不上他的贡献。勒梅特是一位天主教神父，对宗教和科学之间的关系抱有极大的兴趣，他就这一主题写过的文字在今天有着重大的现实意义，以我浅陋和不专业的看法,它也是富于启发性的。我的一个科学家好朋友,也是一位神父,在梵蒂冈天文台工作,他给我看了宗座科学院的《备忘录》上发表的一篇评论乔治·勒梅特的文章,作者是保罗·狄拉克,他是20世纪最伟大的两位物理学家之一(另一位是爱因斯坦)。

狄拉克是个沉默寡言的人,很可能患有轻度自闭症。他也是一位彻底的无神论者。他这篇写于1968年的关于勒梅特的文章非常专业。狄拉克以他一贯的敏锐阐述了勒梅特在科学上的重大贡献,对其内在价值进行了评价。这篇文章是以他典型的枯燥的、列举事实的文风写成的。但是,其中有一段激发了我现在的想法,让我产生了下面的思考。

在文章末尾,有点不同寻常的是,狄拉克竟然就宇宙和人类的关系进行了模棱两可的推论。勒梅特发现了宇宙进化的事实。狄拉克说,这一发现预示了一个伟大的洞见:宇宙、生物和社会三者的进化是携手并进的,它们共同将我们带入一个更美好、更光明的未来。要知道,这篇文章写于1968年,即使是严肃的老科学家也不免受到时代狂热氛围的影响,在那个不同寻常的年份,所有人都感受到一种乐观主义,觉得变化可期。

但是狄拉克提及这个,是为了引出他和勒梅特在这个话题上的谈话。受到勒梅特为我们开启的这一宏大愿景的触动,狄拉克告诉他,宇宙学可能是"最接近宗教的科学分支"。自闭症患者在表达上有时会有点笨拙，当时狄拉克可能也是这样，这位信奉无神论的科学家想要对神父勒梅特说一些友好的话。

但让狄拉克吃惊的是，勒梅特不同意他的观点。在思索了一会儿后，他说，在他看来，宇宙学不是最接近宗教的科学分支。那什么是呢？狄拉克迷惑不解地问道。勒梅特给出了他的答案：心理学。

勒梅特一直在煞费苦心地将宇宙学和宗教分离开来。我相信，正是由于他的主张，天主教会才没有犯和其他教派一样的错误，试图将宇宙大爆炸和《创世记》中讲述的创世故事联系起来。但是认为最接近宗教的科学是心理学，这样的想法出自一位对宗教和科学关系有过深入思考的天主教神父，仍然令人惊讶，但是这在我看来，也是发人深省的。

几个月前，《自然》杂志上刊登了一篇文章，作者是英国圣公会的一位代表。文章诚挚地呼吁，将科学与宗教的传统争端搁置一旁，关注它们的共同点，而非差异。求同存异向来都是好的建议，正因此，勒梅特在这个话题上的想法在我看来是有启发性的。科学和宗教所使用的语言的相似性（"宇宙""创造""原理""存在""不存在""造物主"……）在我看来，完全只是表面上的一种错觉，因此从根本上说是有误导性的。两个阵营的辩论就像是两个听不见彼此说话的人在争吵。他们用的是一样的词汇，但表达出的意思并不一样。

有些宗教并没有和科学世界发生冲突；而另外一些则明显感觉受到科学思想的威胁，要拿起武器抵抗它。这种差异是从何而来的呢？在我看来，勒梅特点明了一个重要原因。宗教是复杂的文化和社会结构，在文明的进化上发挥了重要作用。很长一段时间以来，它们都与权力行使和公共事务联系在一起，提供了一个思考现实的复杂的和全球性的框架，包括思考像宇宙起源这样的问题。当人类找到更好的方法来应对这些问题——比如，世俗的民主，以其在指导公共事务上的宽容和多元主义；或者科学，以其在微观和宏观层面上对世界的探寻——一些宗教因为自身失去了重要性而感到不安，进而与它们视为有害的新事物发生冲突。我想教宗庇护十二世当年对宗教自由、媒体自由、信仰自由的猛烈抨击一定会让今天的教会感到尴尬。教会感到自己腹背受敌，于是誓死捍卫自己在公共生活中的核心角色——而我们都愿意这成为历史——这是一场反科学的倒退的斗争，暴露了它无力理解道德的有利而积极的发展和进化。所有这些都助长了——甚至引发了——许多公民对教会的不信任。

但这并不意味着宗教和科学一定是互相冲突的。有一些伟大的宗教能够毫不费力地接受这样的事实：读一篇宗教文章，或者不假思索地相信传统传承给我们的东西，无助于加深对宇宙的物理历史的理解。它们也很容易接受公共生活的世俗性、观点的众多、对多样性的真正包容，以及不管属于哪个教会，我们所有人都不是绝对真理的守护者这一想法。英国圣公会和佛教的一些分支曾是其中的典范。它们不会试图将自己的观点强加给持有异见的人，或者将自己的行为强加给那些奉行不同道德观的人；它们不会妄自尊大，去教授一些自己都没弄明白的东西。但它们的确知道如何树立令人钦佩的榜样，知道如何令人信服地谈论人类的境况；它们知道如何让人们深入思考人性、我们的选择、我们的关系、我们的内心。这些思考对无数人都有真正的深刻的价值。它们知道如何提供教导、超越、仪式、凝聚力和庇护。

这些宗教明白，它们真正能提供的知识是关于我们的内心生活，关于我们选择赋予人生的意义的，而不是关于我们身边的世界，不是支配公共事务的法律，不是我们对物理宇宙的理解。这些宗教知道，它们跟宇宙学没有任何关系。

事实上，它们也渴望向量子力学或宇宙学学习。佛教的一些知识领袖就这样做了，还有在梵蒂冈天文台工作的那些科学家也一样。也有那样一些宗教，它们知道怎样有效地同与宗教最相近的科学即心理学开展对话。这就是勒梅特要表达的意思，他深刻意识到科学的重要性和它在现阶段的局限性，同时也意识到宗教自身真正的重要性和局限性。

（《24小时太阳报》周日版 2017 年 3 月 8 日）

会飞的驴存在吗?大卫·刘易斯说"是的"
Do Flying Donkeys Exist? David Lewis Says Yes

"大卫·刘易斯是谁?"

"他是20世纪最伟大的哲学家之一。"

"啊呀。他主张什么呢?"

"所有可能的世界都是真实存在的。"

"那是什么意思呢?听起来毫无道理,你相信吗?"

"不信。"

这是一场荒诞的对话,你怎么能前脚刚宣称某人是世界上最伟大的哲学家之一,然后马上补一句说,他的主要论点都是不可信的?但是我曾经和无数个来自不同国家的著名哲学家进行过无数次这样的对话,几乎一字不差。在分析哲学小圈子内的氛围中,这位前些年刚刚去世的,和澳大利亚关系紧密的美国哲学家,今天被他的许多同仁认为是当代最伟大的哲学家之一,甚至可能就是最伟大的哲学家,虽然他最著名的论点——有许多个世界,而且它们都是实际存在的——让许多人都挠头不解。

刘易斯是一位有魅力的人物。他喜欢在演讲中谈论科幻电影和时间旅行。他的哲学文章中经常提到会飞的驴、在沙发上掉光了毛的猫等。他蓄着浓密的胡须，带着一种疏离的气质。他散发出某种非传统、有点精神不太稳定的气质。他热爱澳大利亚，每年都会在那里住上好几个月。他在一系列很宽泛的主题上写了很多篇文章，这些主题都与分析哲学相关，还出版过几本书，最重要的一本是《论世界的多重性》。如书名所示，这本书聚焦于他的主要论点，即所有可能的世界都是存在的，包括那个驴会飞的世界。

但是等等，你可能会理直气壮地说，世界上没有会飞的驴。而刘易斯也同意，在我们生活的这个世界没有会飞的驴。但是在其他世界里，它们是存在的。驴在很多个世界里都会飞。那些世界都是存在的。我们看不到飞翔的驴，是因为我们生活在一个它们不会飞的世界。就像从我房间的窗户望出去，看到的是马赛的海，而不是斗兽场，因为我身在马赛而不是罗马，并不是因为马赛存在而罗马不存在。虽然我不在罗马，但罗马也是存在的，同理，虽然我们没有身在其他世界，但其他世界也是存在的。那么究竟其他世界中的哪些是存在的呢？它们全都存在，刘易斯答道，带着友善的微笑。

听到这些观点时，我有些疑惑不解，所以去年，我决定读一读刘易斯的书，尽管我不是哲学家，并不掌握那些必要的概念工具。

我最先读到的是一篇关于时间旅行的文章。鉴于我的专业是物理，我对空间和时间的性质尤为感兴趣，我想在我熟悉的领域去思考哲学应该是相当有把握的。而且，我之前读到的关于时间旅行之不可能性的文章常常是令人迷惑和逻辑混乱的，这篇应该也不例外。说实话，我开始读刘易斯这篇文章时，满心期待着能抓住这位所谓的伟大哲学家犯的一些低级错误。结果很快我发现自己失算了。刘易斯讨论在时间中旅行的可能性时，逻辑极为清晰。他文章的逻辑是完整的、绝对清晰的。他将完美的秩序引入这一问题中。所有那些愚蠢的说法，什么如果我们回到过去，就有可能会杀死自己的爷爷、外公之类，都被他三言两语驳斥得体无完肤。我开始明白为什么那么多人都对大卫·刘易斯佩服得五体投地。

我开始专心读他的一系列文章。其中有几篇讨论纯哲学问题的文章我读不下去，也读不懂。但此外的许多篇文章都让我击节称赞。刘易斯问道，一个东西，或者一个实体究竟是什么呢？比如一只躺在沙发上的猫。它是否包括从猫身上落到沙发上的毛？究竟猫这个实体在哪里结束，它所处的周边环境又从哪里开始？诸如此类，在模态逻辑的专业问题和我们小时候讨论过但从没找到答案的问题之间曲折前进。对于每个问题，刘易斯都有一个令人信服的答案，虽然他总是唇边带着笑容把答案说出来。他总是能以令人目眩的才智，在那些似乎没有答案的地方找到答案。

有了这一经验之后，我觉得自己准备好读他的代表作《论世界的多重性》了。"现在就让他试试来说服我吧，"我不由自主地喃喃自语道，"关于存在会飞的驴……"

我不得不认输，承认他确实成功说服了我。我甚至不想试图细说其过程了。我不是刘易斯。如果你好奇的话，去读读他的书吧。我仍然有几个疑问。比如，我还在问自己，刘易斯是否只是改变了几个词的意思，别人用"是可能的"时，他用"存在"；别人用"存在的"时，他用"属于这个世界的"。但是他无疑改变了我对于"存在"这个词意思的看法。我想，他帮助把我从与这个晦暗不明的动词挂钩的许多偏见中解放了出来。一个说谎后鼻子就长长的木偶存在吗？是的，当然存在，它是匹诺曹啊。那匹诺曹存在吗？不，它不存在！但你刚刚说它存在的……

最起码，刘易斯完全说服了我，把那些可能的世界当作是真的来谈论，这是一个非常有效的工具，能帮助我们把所有与模态相关的问题思考清楚，也就是那些与可能性或必然性相关的论证。

由于刘易斯和他同事的努力，分析哲学回归到重点研究形而上学问题，而在此之前的很长时间，它都与这个领域保持着安全距离。逻辑实证主义坚持主张我们只应该谈论那些可以被定义得足够清晰的事物——最重要的是维特根斯坦指出的那个问题，他展示了有多少看似深奥的问题都只是源于语言使用的笨拙和不够准确——这在哲学的广大领域留下了深刻的印记，结果就是，围绕存在与不存在的问题，人们习惯性地带着怀疑态度看待这些领域。即使到了今天，"形而上学"这个词依然会让全世界的某些哲学系集体扬起眉毛表示不赞同。刘易斯自己有时候也会受到这种怀疑。但是，无疑分析哲学的一部分找到了一条道路，用它标志性的清晰思路，它的工具，回归到处理那些关于什么存在、什么不存在的问题上。刘易斯在将形而上学带回讨论的中心方面做出了卓越贡献。

（《24小时太阳报》周日版2013年3月6日）

我们都是自然世界中的自然生物

We are Natural Creatures in a Natural World

《没有镜子的自然主义》是一本复杂的书,作者是当代最出色的哲学家之一休维·普莱斯,他也是剑桥大学的伯特兰·罗素哲学教授。他在书中讨论了自然主义的一个版本——可以毫不夸张地说,自然主义就是我们这个时代的主流哲学。他提出的这个版本,是对哲学专业内部许多反自然主义立场的正面回应。

费德里科·劳迪萨(Federico Laudisa)在他最近的著作《自然主义》中写道:"在20世纪下半叶,自然主义已经成为许多哲学热点问题的一个通用参照系。"

和所有重大思潮一样,自然主义没有一个精确定义,却有许多变体。也许可以这样描述它的特征:它是一种认为所有现存事实都可以成为自然科学研究对象的哲学观;我们人类属于自然,而不是独立于它之外的另一个实体。如果你认为,有些超验实在只能以某种科学探究之外的手段被了解,那你就不是一个自然主义者。如果你相信有两种现实的存在，一种是可以成为科学研究对象的自然，另一种则完全和它绝缘，那你就不是一个自然主义者。

自然主义萌芽于古典希腊思想，后来在德谟克里特等人的著述中得到发展。其后它沉寂了很长时间，直到在意大利文艺复兴中重生，并在现代科学的胜利中变得更强大。它的力量在19世纪得到加强，今天已渗透了世界文化的大部分。20世纪最重要的哲学家之一蒯因发表过很多带有明确自然主义倾向的观点。他在这方面最著名、最极端的主张是"认识论的自然化"，致力于将关于知识本质问题的讨论也引导到自然科学上来。

当然也有一些知识分子与自然主义保持距离。比如费德里科·劳迪萨感到有必要指出他自己"和同事不同，对自然主义没有热情"。劳迪萨对自然主义的最大责难是，它不能解释思想的规范性（和美学）特征。毛里齐奥·费拉里斯[1]则更坚决地将"自然"实在（如山、树和星星）与"社会"实在（如合同、价值观和婚姻）区别开来，这些也是实在，但它们是社会建构的。尽管来自差异极大的思想传统，劳迪萨和费拉里斯都看到了自然主义的局限，它源自人类思想开始的地方。

---

[1] 毛里齐奥·费拉里斯（Maurizio Ferraris），意大利都灵大学哲学系教授、都灵大学"本体论实验室"主任。主要研究领域为诠释学、美学和社会本体论。著有《新实在论宣言》等。

休维·普莱斯将这个问题作为他研究的出发点。普莱斯将它称为"置放的问题",即在自然科学的世界中,怎样"放置"如道德观、美、意识、真理、数字、虚构的世界、法律等事物:所有这些看起来与物理学这类自然科学描述的世界不可共存的事物。

普莱斯给出的答案分成了两部分。第一,他观察到,我们的语言和思想不一定是某个外在事物的反映。这一观察正是维特根斯坦后期著作的核心:与影响最广泛的语言理论(可以追溯到现代逻辑学之父戈特洛布·弗雷格)相反,人类语言的功用远不止于描述物体和物体的特性。比如我在看落日,对坐在我旁边的同伴感叹一声:"多壮观啊!"我不是在指称一个实体:落日旁边那个名叫"壮观"的东西。我是在表达落日给我留下的印象。我在强化与同伴的亲密感,我们坐在一起,享受彼此的陪伴,或者我在尝试展示自己的内心生活,又或者可能是任何数量的其他信息,但都和外在物体"壮观"无关。如果我说:"来这里!"我其实没有指称任何东西。如果我们将语言解释为一定是"指称"某个外在实体,就会引发虚假的形而上学问题。将我们复杂精细的语言行为,解释为对某个外在的实在的确认是一个根本错误,根据普莱斯的说法,它将造成关于"置放"的虚假问题。

普莱斯答案的第二部分包含了自然主义这一中心思想的微妙偏移:它强调了一个事实,作为人类,我们是自然的一部分，因此可以成为自然科学的研究对象。普莱斯把这称为"主体的自然主义"。替代方式不是将道德价值、美、知识、意识、真相的概念、数字、虚构世界等理解为超自然的陈设，或者宣称它们都是"虚幻的"。还有另一个可能，就是将它们理解为我们自身行为的一些方面，视为一个复杂自然世界中的复杂自然物。

这并不排除我们将它们作为独立领域去研究的可能性，比如数学家研究数字、伦理学家研究道德观等。法律、美学、逻辑、心理学，这些都是独立学科。但是这些学科的预设条件以及与它们所研究的那部分现实，与自然主义并不冲突，因为他们可以与自然世界整体的连贯性重新相融和共存，就像化学与物理学可以共存一样：我们的思想和我们的内心生活，就是我们这些自然世界中的自然生物内心产生的真正现象。当代科学中许多最活跃的领域现在都在试图描摹这种直觉：神经科学、认知科学、民族学、人类学、语言学……一个看似无穷无尽的文献库还在不断扩张，它们致力于用自然的眼光理解我们自身。还有很多东西是我们不知道的，因为一直以来，我们不知道的事物都比知道的要多得多。但是我们在学习。

普莱斯认为，把我们自己送回我们的自然实在中，这种想法来源于实用主义，来源于我们对经由科学理性主义了解到的关于现实的知识的尊重。它也许以一种奇怪的方式，让我们更接近尼采的直觉，这沿着另一条路将我们引到了后现代主义的激进陈述：在成为一个理性动物之前，人首先是一个生命动物……"是我们的需求在解释世界……每一种本能都包含对统治权的渴望。"这是真的，但是我们的理智也产生于这种岩浆，而它成了我们最有效的武器。

普莱斯在书中有力而严谨地倡导一种谦卑、彻底的自然主义：我们都是自然世界中的自然生物，这种说法给了我们最好的概念框架，用以理解自身和世界。

我们是这一巨大的、极其丰富的自然的一部分，而我们对它知之甚少，不过也足以知道它十分复杂，造就了我们的全部，包括我们的道德准则、我们求知的能力、我们的美感以及我们体验情感的能力。在这之外，什么都没有。

对于像我这样的理论物理学家，对于一位习惯于思考超过万亿星系（每个又包含万亿颗恒星，每颗恒星都有一些行星环绕，像花环一样，我们每个人只会在其中一颗星星上停留短短一瞬，就像迷失在浩瀚宇宙中的细小尘埃）的天文学家，这不过是个显而易见的事实。每一种人类中心主义在这种浩瀚无垠面前都会自惭形秽。这就是自然主义。

（《24小时太阳报》周日版 2014 年 12 月 14 日）

《我的奋斗》
Mein Kampf

《意大利日报》上刊载了一则消息，希特勒的自传《我的奋斗》推出了新版本。人们有充分理由对这一决定感觉不舒服甚至气愤。但我发现自己同意报纸编辑的观点，他为这一有争议的出版行为进行了辩护，或许措辞有些笨拙，他这样说，我们要想战胜邪恶，就需要认识它，理解它。

前段时间，我读完了《我的奋斗》，的确有一些收获。它让我学到了一些意料之外的东西。下面我就来尝试总结一下。

当然，纳粹主义是侵略性的一种凶残释放。从"长剑之夜"[1]到惨烈的柏林会战，它始终在使用极端的暴力。对这种野蛮与暴力的突然爆发所做出的直接的意识形态辩护，是日耳曼民族自命的种族和文化优越性、对武力的颂扬、以对抗

---

[1] "长剑之夜"，在德国常称罗姆政变，是1934年6月30日至7月2日发生于德国的清算行动，纳粹政权进行了一系列的政治处决，大多数死亡者为纳粹冲锋队成员。

而非合作的视角解读世界,以及对弱者的鄙视。这是在阅读前我原以为会在书中发现的。

但是希特勒这本书却让我有些吃惊,它清楚地显示了所有这些背后的真正源头,那就是,恐惧。

这对我来说是一个启示,增进了我对政治权力的思维模式的认识,一直以来我都在努力理解它。让右翼势力,尤其是极右势力得以掌权的主要情感源头,不是强大的感觉,恰恰相反,是弱小的感觉。

《我的奋斗》直接点明了这种恐惧的内涵:这是一种自卑感,一种危险从四围迫近的感觉。那种主宰他人的需求,其实是出于对被人主宰的恐惧。相比于合作,我们更倾向于战斗,原因是我们害怕其他人的力量。我们把自己缩进一种身份、一个团体、一个"人民大众"概念的原因,就是想在一个弱肉强食的残酷世界里,创造一个比其他集团更强大的集团。希特勒描述了一个野蛮的世界,敌人无处不在,危险也无处不在,要避免屈服于它的唯一希望就是抱团,然后去战胜一切。

这种恐惧造成的后果,就是让欧洲满目疮痍,全球数百万人失去生命。

我们从中能学到什么呢?我想它告诉我们,要想避免灾难,我们需要的不是保护自己不受他人攻击,我们需要的是战胜对他人的恐惧。

《我的奋斗》

恐惧的破坏性极大。正是这种恐惧,让我们不把其他人当作人看待,由此打开了通向地狱之门。一个被第一次世界大战的结果冒犯和羞辱的德国,一个被法国和俄国的力量吓坏的德国,是一个自毁装置一触即发的德国;而那个吸取教训,让自己重新成为欧洲合作和反战之中心的德国,才是一个真正繁荣昌盛的德国。

感到软弱的人是恐惧的,对他人怀着戒心,他们自我防卫,蜷缩在所谓的民族身份之中。那些强大的人是不会恐惧的,他们会避免冲突,寻求合作,致力于建设一个更好的世界,为他们自己,也为其他人。如果有人告诉你,你应该感到恐惧,那是因为他们软弱。我相信,没有什么书比《我的奋斗》更能揭示出这种暴力的秘密逻辑。

(《晚邮报》2016年8月13日)

亲爱的小耶稣
Dear Baby Jesus

亲爱的小耶稣，这是我在2015年圣诞节写给你的一封信。

亲爱的小耶稣，我觉得你欠我的。曾经，我们之间有点过节。你还记得吗？

那时我还是个小婴儿，就像你一样。我有爱我的爸爸妈妈，就像你一样。他们对我非常诚实，我想你的父母应该也是这样。他们没有鼓励我相信那些骗人的鬼话。他们没有告诉我，孩子们是由鹳鸟送来的，世界上全都是好人，诸如此类彻头彻尾的鬼话。他们告诉我真相。而且他们告诉我，人永远都不应该撒谎。我为有这样不说假话的父母感到骄傲。

但他们跟我说过一次谎。圣诞节时，我在圣诞树下找到了礼物，爸爸妈妈告诉我这些礼物是从天上奇迹般地掉下来的，它们是你送过来的。我真的信了，兴奋地等待圣诞节到来，等着奇迹的发生。然后一天，爸爸妈妈告诉我，那些礼物其实是他们买回来放在圣诞树下面的。我难过得哭了。

我觉得我被爸爸妈妈戏弄了,也许更觉得是被你耍了。所以你其实是不能亲自过来送礼物的对吗?你需要别人来帮你送?

为什么他们要跟我说这样一个愚蠢的谎言?我后来意识到,不管怎样,真相都比谎言要强,礼物是我父母买回来的。因为他们爱我,想要让我开心。我的爸爸和妈妈想要看到我开心,这不是很美好的一件事情吗?他们这样爱我,这不是很棒吗?这是真正的魔法,实在的情感。为什么要把它藏在一个愚蠢的谎言后面呢,什么小耶稣啦,圣诞老人啦,或者别的什么送礼物的天使或超自然的东西?

总而言之,所有那些原本该你带给我的礼物你从来都没有送来过。这也是为什么我觉得你欠我的。

现在,我想把这笔债一笔勾销,另外再加上一点利息。亲爱的小耶稣,下面就是我今年对你的要求。

你不要再送那么多礼物给富裕家庭的蠢孩子了(像我这样的孩子),你实际上也办不到,因为那都是父母干的。今年请你到叙利亚去,阻止那些密集的炸弹落在无辜的人头上。请到印度去,把食物带给那些饿肚子的人。请你到欧洲去,改变那些人自私的想法,他们一心只想着牢牢抓住自己的财富,不想要外国人移民过来。请你到非洲去,给生活在水深火热中的数以百万计的人送点东西。到世界各地去——为什么不?——阻止这波在 2015 年影响所有人的恐慌、仇恨和猜疑。基督教徒对穆斯林皱眉，土耳其人向俄罗斯人开火，俄罗斯人又向叙利亚人开火，沙特轰炸也门，欧洲四处出击。到处都有人被杀害；所有人都摩拳擦掌要加入战争。

小耶稣，如果你可以的话，请阻止这不断升级的疯狂。

或者，如果你无力阻止，请不要用甜蜜的幻觉再欺骗我们了，让那些善良的人们承担起责任，把真正的、有用的礼物送到世界上来。就像我的父母曾经对我做的那样。

请不要再打扰我们了。因为只有善良的人们才有能力减轻这个世界上的苦难。亲爱的小耶稣，对此你是无能为力的，就像你无法给我送礼物一样。

（瑞士意大利语区广播电视台 平安夜 2015 年）

丘吉尔与科学
Churchill and Science

丘吉尔是第一位任用科学顾问的英国首相,那还是20世纪40年代的事。他会定期和科学家会面,其中就有伯纳德·洛弗尔,射电天文学之父。他喜欢和这些科学家谈话。在战后许多最重大的科学发展刚刚露出苗头的时候,他便提供了公共研究资金、望远镜和实验室等资源支持,促进了从分子遗传学到X射线晶体学的发展。早在战争期间,在他的推动下,英国对科学研究的坚定支持就带来了雷达和密码学的发展,在军事行动的成功上发挥了关键作用。

丘吉尔具备基础的科学背景,虽然不算广泛,但很扎实。年轻时,他读了达尔文的《物种起源》,研究了物理学的入门知识,我们也可以说,是最重要的知识。他以极大的兴趣跟进科学的发展,甚至在20世纪30年代,他还撰写了科普文章。其后果好坏姑且不论,他还签署过一封重要信件,收件人是量子力学之父尼尔斯·玻尔,当时玻尔在哥本哈根,他在信里邀请玻尔逃离被纳粹占领的丹麦,加入同盟国阵营，启动原子弹项目。

在《自然》杂志上，美国天体物理学家和作家马里奥·利维奥提到了丘吉尔一篇未公开发表的文章，写于1939年，后来在50年代修改。他在文中探讨了一个跟今天有重大关联的科学问题，即生命可能在宇宙其他地方存在，在和地球相似的星球上。丘吉尔的分析惊人地清晰，显示了一种不寻常的运用科学语言的能力。直到几十年后，科学界才得出了他当时得出的结论。丘吉尔发现了使与地球生命相似的生命形式能够在其他地方发展的条件：行星和宿主恒星之间保持一定距离，使其中间地带保持一定温度，表面有液态水，还要有足够大的质量来维持足够浓厚的大气层。

其中有一段非常重要的文字，丘吉尔特别指出，最可信的关于行星系统形成的当代理论——两颗恒星的碰撞——使得所需的条件极不可能具备，因此生命是罕见的；但是他进一步谈到，他的结论基于恒星碰撞理论的有效性，而没人能肯定这个理论是对的。这位伟大的政治家不仅能够估量他接触到的科学知识的重要性，而且对它的不确定性边际也保持了敏锐感觉。恒星碰撞或擦肩而过的理论后来被证明是错的，今天我们知道，行星是由很小的碎片聚合而成的。丘吉尔的主要结论和我们今天认可的理论很接近：

> 如果有数十亿个星系，每个星系都包含了数十亿个

太阳，那么很可能在数量庞大的包含行星的星系中，都有生命存在。

而紧随其后的这段话正体现了某种英国精神：

> 就我而言，我并没有因为人类文明所取得的成功而得意忘形，并狂妄地认为，在这个浩瀚的宇宙中，我们这个星球是唯一存在有生命有思想的个体的角落，或者我们可能代表了在所有空间和时间这一辽阔区域上心智和身体发展的最高水平。

丘吉尔清楚地看到了科学的局限性。"我们需要世界上有科学家，但不需要世界为科学家服务。"他在1958年写道，"如果我们用上科学为我们提供的所有资源，依然无法战胜世界上的饥饿，那我们所有人都难辞其咎。"但是他深刻地意识到科学思想对人类的重要作用，以及在政治上支持它、聆听它、使用它的重要性。最重要的是，他意识到了科学提供的重大优势，让他可以在事实的基础上做出政治决策——这个简单的秘密，使得英国和美国在过去的两个世纪里相继取得政治上的优越地位。丘吉尔知道怎样运用清晰的科学智慧来进行思考。

（《24小时太阳报》周日版 2017年3月28日）

传统医药和联合国教科文组织
Traditional Medicine and UNESCO

现代医药中使用的一些疗法是从传统疗法中派生来的：现代科学发现了评估它们的方式，认识到一些传统医术的效用。但是，有相当多的传统医药疗法也经过了同样的评估，却被发现无效，甚至有害健康。这样的例子有无数个，其中一个就是欧洲传统医术在几个世纪里广泛使用的放血疗法，后来人们才发现这是非常有害健康的。

病人有自主选择治疗手段的神圣权利，如果他们愿意，甚至可以选择不治疗。但是，媒体以及医疗机构也有同样神圣的责任，如果他们不愿失去公信力，以及他们生存的根基，就不能在给人们的真正医疗建议的可靠性上打折扣。如果Y先生希望采用放血疗法来给自己治病，那是他自己的事。但是如果一家机构以"尊重传统"的名义，以任何形式来推荐、担保或者推广使用放血疗法，那它就是失职的。这也是一种犯罪行为。

这不是一个学术问题。我的好朋友西蒙内塔不到三十岁就去世了，留下两个失去了母亲的孩子，她得的是乳腺癌，今天，这个病使用现代疗法治疗存活率非常高，但她却选择相信"传统疗法"。不管是谁宣扬传统医药的疗效，并影响了我的朋友和其他许多人，都应该为她的离世和她的孩子失去母亲而良心不安，类似的死亡案例还有几千个。

当我们发现，"替代疗法"是一个利润丰厚的产业，规模达数百万元，它利用病人解除病痛的希望，却没有对药物疗效和治疗方法做出任何独立评估，我们面对的是一个严重的问题。

而联合国教科文组织的文化遗产代表名录也不能被用来认可一切"传统"的东西。因为如果是那样的话，我们就要把奴隶制、强迫童工、丈夫家暴妻子、活人祭祀也包括进去。

这个名录认可的是我们所有人希望保存和看到其兴旺发达的那部分文化遗产。传统医药，即使它给我们留下了有用的遗产，但它还有待充分恰当地加以利用，因此不属于我们想要因其本身而保存的那种遗产，因为它包括了很多疗法，独立的科学评估会发现它们没有效力或者有害健康。

且不提某些传统药物中的有害成分和治疗方法，它的无效还可能是致命的。我那位得了乳腺癌去世的朋友，就是拜一种无用的南美传统疗法所赐。

联合国教科文组织（UNESCO）中的字母"S"代表的

是"科学（Scientific）"。将有害的传统医药列入人类文化遗产代表名录中，代表着教育、科学和文化领域最前沿的国际权威人士对古代医药价值的全盘认可。它会给部分人提供绝佳的商业机会。但联合国教科文组织将会丧失它全部的公信力。这不啻不负责任的犯罪行为。

（《晚邮报》2017年7月29日）

雷蒙·卢尔:《伟大艺术》
Ramon Llull: *Ars magna*

1274年,在马略卡岛的普格德兰达山上,一个长长的隐居处的尽头,雷蒙·卢尔产生了要写一部伟大作品的想法,自称受到了神启。这将成为他生活的中心和主要目标:创造一个复杂的体系,他称之为他的"伟大艺术",书名最终也定为《伟大艺术》。卢尔的"伟大艺术"是一种在玄学和逻辑之间摇摆的奇怪复杂的体系,其表达方式是表格、图表、移动的纸圈,它们可以旋转、交叠,形成根本和基础概念的随机组合。凭借这个体系,雷蒙·卢尔——或者卢利,这是他在英语世界的称谓——计划为世界带来秩序,让犹太人和穆斯林都皈依基督教。

可以说,这些目标他都没有达到。但是,他这一古怪体系产生的影响是很大的。乔尔丹诺·布鲁诺和蒙田,这两个对现代性影响极大的思想家,都从卢利身上汲取了灵感。但最终是莱布尼茨本着将理性转变为算法的目的,将卢利"伟大艺术"中的精华和无用部分区分开来,去掉了它中世纪的特征，尝试提取一种通用的理性语言，将它命名为"组合的艺术"。

这个想法的一个直接应用就是第一台计算机，设计者是莱布尼茨，它被认为是现代计算机的鼻祖。这个想法也是逻辑在现代发展的根源，从弗雷格到逻辑实证主义，都将逻辑视为一种理性的普世语法。卢利的艺术是许多现代思想和技术的深刻源头，这位伟大的加泰罗尼亚知识分子的话也因此成为中世纪欧洲最有独创性和影响力的声音。举一个小例子来说明这种影响力，我从事的物理学研究有一个核心的技术工具，那就是图表，这是一种形象地整理特定数量的元素彼此相连的方式。图表就是卢利的发明。

组合的艺术这种神秘力量的根源，是一个简单的事实。最伟大的波斯诗人，菲尔多西，在他的史诗《列王纪》里的一个著名传奇故事中将它很好地表达了出来。一个名叫施宾达的心灵手巧的人，发明了国际象棋游戏，他将这个游戏作为礼物送给了伟大的印度国王。国王既钦佩又感激，问这位智慧的发明家想要什么赏赐，他是这样回答的："请在这棋盘的第一方格内赏我一粒小麦，在第二格内给我两粒小麦，第三格内给我四粒小麦，如此下去，每一格内放的小麦粒数比前一格多一倍，直至64格都放下应放的小麦粒数目。"国王惊讶于他这样谦卑的要求，立刻命令照办。可以想象一下，当他的随从回来，禀报说王国所有谷仓的麦粒加起来的

雷蒙·卢尔:《伟大艺术》

卢尔《伟大艺术》一书中的图片

数量都无法满足那位智者狡猾的要求时,他有多么惊讶吧。

计算很容易:在棋盘的最后一格,即第 64 格,麦粒的数量就是 2 的 64 次方,即 18 个十亿的十亿倍。但丁在《神曲》的天堂篇的第 27 章,提到一个过分的数字时用的正是这个传说:"它们如此之多,数量比倍乘的棋盘格里的麦粒还多。"

由这么小的一个数字可以产生那么大的一个数字,这个事实有什么意义呢？它意味着一件简单的事：组合的数量通常比我们凭直觉想象到的要大得多。通过几个简单对象的组合，你能获得意料之外的巨大数目，这些可能性是很多样很复杂的。不只是组合的数量多到惊人，还有它们的多样性。想想我们周围的自然吧。物理学让我们了解到，我们看到的一切都是由不超过四种基础粒子所生成的，它们通过几种基础的力互动。这组简单的，只有寥寥几块的乐高积木组成了森林和群山、繁星点点的天空和女孩的眼睛。

但可能存在的事物的量级，要比确实存在的量级大得多。想想那形成所有生物结构的蛋白质吧。一个蛋白质差不多是几十个氨基酸组成的序列。氨基酸共有 20 种。比如，为了研究蛋白质，我们想要制造出所有可能的蛋白质：这将使我们理解生物所有可能的结构，甚至预测地球上生命的演化……

但有一个问题：组合的算术很容易做，形成几十个元素链条的约 20 个氨基酸有无数个可能的组合，即使我们每秒钟都成功制造出一种不同的蛋白质，宇宙迄今的所有时间也不够制造所有可能蛋白质的一小部分……换句话说，生命结构的可能性空间仍然几乎未被探索，这不仅是对人类而言，自然本身也是如此。

对于复杂性打开的巨大空间，德谟克里特在 2400 年前已经有了最初的直觉。他已经了解到，整个自然可能只是由原子组成的，而如他所说，正是原子的组合产生了自然的复杂性，"就像字母表上字母的组合产生了喜剧或悲剧、史诗和讽刺剧"。

我们的直觉在组合形成的巨大数目和无尽多样性面前败下阵来。就像波斯故事中的国王一样，在我们看来，从简单事物的组合中，似乎不可能诞生那样多的事物以及那样的复杂性。我想，正是出于这个原因，我们无法想象，像生命或者我们的思想这样复杂的事物，竟然是从简单的事物中产生的，因为我们本能地会低估简单的事物。我们从不相信它们会有多大作为。麦粒和棋盘产生的数字当然不可能耗尽王国所有谷仓的麦粒。但事实的确如此。

我们的大脑包含约一千亿个神经元，神经元之间通过突触连接起来。每个神经元都有几千个突触。所以我们每个人的大脑里都有上百万亿个突触。但并不是这个数字决定了我们思想的潜在空间。我们思想所占据的空间（最起码）是可能的组合的空间，其中每个突触要么活跃，要么不活跃。这个数字不是那则智慧的波斯寓言所说的 2 的 64 次方，而是 2 的百万亿次方。

这得出的数字是极大的。如果写下来，你需要千亿位数，"它们如此之多，数量比倍乘的棋盘格里的麦粒还多"。影响最深远的宇宙学也没有处理过这么大的数字。这个数字量化了可思考空间的巨大，而这个空间我们只探索了一个极小的角落。这是由组合以及组合的艺术——雷蒙·卢尔的"伟大艺术"——所打开的无边无际的空间。

(《晚邮报》文化副刊 2016 年 10 月 11 日)

我们自由吗?
Are We Free?

尝试举起你的食指,随你决定是举右手还是左手。在你做出决定前的一秒,没有什么东西或人能够预知你会举起哪只手,对吗?如果你发现在做出选择之前,自己的决定实际上可以被预测,你会认为你的自由遭到了减损吗?

对自然的研究告诉我们,在我们这个层面,任何事情发生都有一个原因,总体来说,世界是基于决定论的,也就是说,未来是由前面发生的事情的状态决定的。因此,只要我们能对世界状态做出足够精确的观察,就可以预测我们所谓的自由决定的结果。我们怎样调和这种决定论与自由选择的主观经验呢?自由意志的基本问题,就是我们在自然中观察到的必然性与我们拥有自由的感觉之间的冲突。

我认为,这一问题的正确解决方案,就在人们曾写出的最美的哲学书籍中,即巴鲁赫·斯宾诺莎《伦理学》的第三部分中提到的第二命题及其相关内容。

根据斯宾诺莎所言,头脑和思想并非不同的实体。它们是描述和构思同一实体的两种方式,都受到必然性的指引。当我们说,我们做出自己的"自由"决定时,我们指的是什么呢?斯宾诺莎给出的答案简单而有力:它指我们所做决定的结果是由我们的身体或头脑复杂的内在运作所决定的,我们忽视了引领我们做出决定的复杂原因,因为我们意识不到这种内在运作的复杂性。"自由意志"是我们命名给这些行动的,它当然取决于我们身体内部发生的事,但我们意识不到。如果我们能足够了解它运作的具体细节,就会看到,在做出一个"自由"决定之前,一条物理事件的链条已经逐渐展开,而它们只会导向一个结果。

350年后的今天,令人意外的是,神经科学领域最近的实验证明了斯宾诺莎的观点,开启了哲学家和神经科学家之间一场密集而引人入胜的对话。

柏林伯恩斯坦计算神经学中心的约翰-迪伦·海恩斯在这个领域做了一个实验,实验结果发表在《自然神经科学》杂志上。海恩斯通过磁共振功能成像(就是一个能给脑电活动"拍照"的扫描仪),来观察不同的人在做决定过程中的大脑活动。实验对象被要求自主决定是按左边的按钮,还是右边的按钮。实验结果令人惊奇,通过观察个人做决定那一刻之前的大脑活动,可以提前预测他所做决定的结果,时间可以比实际决定做出的时间早几秒钟之多。换句话说,当你"自由"决定是举起左手还是右手的手指时,这一决定已经通过你大脑中的生物化学反应预先设定好了，至少是在你认为你在做决定的几秒之前，只是你还不知道而已。这也正是斯宾诺莎所表明的，有意识地做出决定的感觉，这似乎不过是一种心理作用，发生在决定其结果的生物化学反应之后。在最新一期的《自然》杂志上，伦敦大学学院的一位神经科学家帕特里克·哈格德这样写道："我们以为我们在选择，但实际上我们什么也没有选。"我不会这样措辞。我会说，我们所谓的"选择的自由"正是我们头脑中发生的复杂计算过程。决定的结果取决于我们大脑中的东西，也就是说，取决于我们自己。

这些实验所开启的问题不只与神经科学相关，也和哲学以及伦理学有关。对大多数当代哲学而言，自由意志的问题不再以笛卡儿的身—心二元论的形式提出——笛卡儿认为，心灵通过大脑中的一个特殊腺体作用于身体的物理实在。今天许多哲学家毫不费力地接受斯宾诺莎关于自由意志的论述。但是如果自由意志在这个意义上是一种幻觉，那个体责任又将被置于何地？如果一个人不是出于自由选择而犯了罪，我们是否因此就不能惩罚这一罪行？

在我看来，答案明显是否定的。对于社会而言，监狱和罚金依然是有效手段，使其免受个人行为的侵害，阻止他人犯罪，即使是（实际上，更加如此！）在一个被预先决定好的世界。

我认为，重要的一点是，正因为我们不知道引发我们行为的那些微细的复杂性，所以自由意志的概念依然是有用的。由于我们自身生物化学构造的复杂性，以及其中那些混乱的，甚至是量子的方面，我们的行为实际上是不可预测的。自由意志的概念，即使它只是基于对潜在原因无知的一个近似概念，在用来思考我们自身时依然还是最有效的，就像斯宾诺莎指出的那样。

但是即使把机器采集的证据摆在我们面前，证明它能够提前预知我们会决定举起哪个手指，我们每个人是否真的能够接受这个事实，即我们珍视的自由意志实际不过是一种幻象？我们是否太看重自己作为决策者的自尊心，太看重精神自由这个词，所以无法接受这样的观点？斯宾诺莎在《伦理学》中给出了这样一个答案：

> 我却很难相信，如果没有一个基于经验的证明，人们便可对于这种说法给以冷静的评价；他们是那样地坚决相信，身体的或动或静，可以完全唯心灵之命令是听……

（《24小时太阳报》周日版 2011年9月18日）

我为什么是无神论者？
Why I am an Atheist?

很多人问我，我为什么不信仰上帝。下面是我的答案。

就个人而言，我不喜欢那些因为害怕下地狱才表现出良好品行的人。我更喜欢那些因为珍视良好的品行而这样做的人。我不信任那些为了取悦上帝才做好人的人。我更喜欢那些本身就是好人的人。我尊重他人，并非因为他们是上帝的孩子，而是因为他们有感情，会受苦。我不喜欢那些为他人和道义献身，认为这样就能取悦上帝的人。我喜欢那些因为感觉到爱和同情而为他人付出的人。

我从来不喜欢和一大群人共同站在教堂中，沉默地听着宗教仪式。我喜欢和一群朋友产生精神层面的交流，通过一起聊天，看着彼此的眼睛，微笑。我不喜欢因为自然风物的美是上帝赋予的而热爱自然。我喜欢被它感动，因为它本身就很美丽。

我不喜欢从自己死后会受到上帝欢迎的想法中得到安慰。我喜欢直面我们有限的生命，学会平静地迎接我们的姐妹，死亡。我不喜欢把自己关进安静的房间，向上帝祈祷。我喜欢安静是为了倾听它的无限深邃。我不喜欢感谢上帝；我喜欢在早晨醒来，望着大海，感谢风、海浪、天空、植物的芬芳、让我得以存在的生命，以及升起的太阳。

我不喜欢人们向我解释上帝如何创造了世界，因为我相信，没有人知道世界从何而来；那些宣称自己知道答案的人，我认为他们是在欺骗自己。我更愿意直面这一奥秘，感知它是如何令人强烈地感动，而非尝试用神话传说来解释它。我不喜欢那些人，他们宣称对上帝的信仰让他们触摸到了真理，因为我相信他们其实跟我一样无知。我认为世界对我们而言依然是一个无限的谜团；我不喜欢那些无所不知的人。我更喜欢问问题的人，那些回答"我并不真的知道"的人。

我不喜欢那些宣传他们知道何为善、何为恶的人，因为他们属于一个垄断了上帝的教会，对世界上其他许多教会的存在视而不见。在我们世界上有如此多的道德体系，它们都是真诚的。我不喜欢那些对别人指手画脚的人，就因为他们觉得上帝站在自己这边。我更喜欢那些提出谦卑的建议，以我可以仰慕的方式来生活的人；那些做出选择，让我感动和思考的人。

我喜欢和朋友聊天，在他们有困难时努力帮助他们。我喜欢和植物聊天，在它们需要时给它们浇水。我喜欢陷入恋爱的感觉。我喜欢静默地凝视天空。我喜欢星辰。我对星辰有无限的热爱。我不喜欢那些在迷失和痛苦时到宗教怀抱中寻求庇护的人;我更喜欢那些接受现实的人。风会吹,虽然飞鸟有窝,人子却没有枕头的地方。

因为我想要向那些我喜欢和敬仰的人看齐,而不是向那些我不喜欢和不佩服的看齐,所以我不信仰上帝。

(《晚邮报》2016年11月25日)

哈扎人
Hadza

我们离开住处时天还黑着。我兴奋地发动了车,按着哈桑含糊的指令向前开去,哈桑是我们的向导,他还没睡醒。路不好走,过一条小河让我费了很大劲。我们把车停在一棵猴面包树下,开始步行穿过那片稀树草原。我们一共三个人:我的伴侣、哈桑和我。

走了很久,我们看到了他们。五六个男人围坐在一小堆篝火旁。附近一棵树上挂着狒狒皮、弓、一个木头做的小型乐器和一张巨大的蟒蛇皮。不远处有几个女人围成一圈坐着,还有几个非常小的棚屋。我在篝火旁蹲下,加入了男人的圈子。没有人向我打招呼,这在非洲是极不寻常的,不过有个人递给我一截树干让我坐,所以我知道自己是受欢迎的。那个递给我树干的人是个男孩子,皮肤黑到了极致,头部形状细长,有大大的温和的眼睛,神情高傲,肩膀上披着一张狒狒皮。我身边一个男人正在用钝刀削一支箭。我拿出自己的欧皮耐尔刀递给了他,这是法国产的户外用锋利小折刀。他用手指试了试刀刃的边缘，笑了起来，然后开玩笑地作势要从旁边一个人的头上削一缕头发下来。所有人都笑了。他把刀递回给我，但我示意刀就送他了。后来，我才知道他的名字叫沙夸。我和其他人一起盯着那堆篝火，开始感到一种奇异的沉醉，一种狂喜，一种加入了某种原始仪式的说不清道不明的感觉，这是童年的游戏，是作为一个物种的人类做了成千上万年的事，是我们进化的目的。身处这些非洲男人之中，我根本不懂他们的语言，而他们对我来自的那个世界也一无所知，但奇怪的是，我竟有一种回到了家的感觉。

他们是哈扎人，是一个狩猎采集者的部落，住在坦桑尼亚北部的一个地区。现在这个部落的人所剩不多了。先是马赛族那些牧牛人迁过来，然后是现代世界的侵蚀，让他们的地盘大大缩小了。20世纪70年代，坦桑尼亚的社会主义政府曾为他们提供住房，以提高他们的生活水平。哈扎人尝试在里面住了一段时间，但不久就回归到他们更喜欢的游居生活。我听说有年轻的哈扎人上学受教育，找到了好工作——这在饥饿和贫穷肆虐的非洲很难得——但后来还是决定放弃一切，回归狩猎生活。现在我和这些男人围着篝火席地而坐，开始有点明白其中的原因了。

不久后，我们出发去打猎，这时我对他们的理解又多了几分。我们在稀树草原上沉默而小心翼翼地走着，手里紧张地握着弓。男人们散开，通过一系列轻轻的口哨声保持着沟通，那口哨声在我听来跟鸟叫无异。沙夸用箭射中了一只迪克-迪克羚，这是一种小型羚羊。我们循着血迹找到了那只可怜的羚羊，它的身体被箭射穿了，藏在一个灌木丛中等死。男人们通过摩擦木头点着了火，看起来轻而易举，就像我划一根火柴那样。我自己也试了试，但没有成功，沙夸笑起来，开始教我。那只小羚羊被放在火上烤，我们一起吃了烤羊肉。沙夸砍下了羚羊的一只角，作为礼物送给我。

我感到的是一种天真的浪漫主义，还是一种把我们自己的想法和幻想投射到他人身上的无限能力？我不知道，但我知道，当我们排成一列走回村庄时，我的心依然在狂跳。一个男人肩上扛着剩下的半只羚羊，那是给女人们留的，她们这时候已经带着采集的水果、浆果和根茎回来了。我感觉自己像个孩子，受邀来玩一个绝妙的游戏。我喜欢和这些男人待在一起，他们大笑，开玩笑，教我东西，手里拿着弓，平静而骄傲地赤脚走在稀树草原上。这不是我们生而为人应该做的事吗？这不是我们千万年来一直在做的事吗？几个朋友围着一堆篝火，去打一场猎，回到有女人的家。回到帐篷后，我们再次来到火堆旁，一个烟斗传到了我手上，这次我决定把那刺激的烟吸到肺里。里面的烟丝是这个地区一种野生的味道温和的植物。

道迪·皮特森是一位在坦桑尼亚长大的美国人类学家，

他与哈扎人一起生活，深入全面地了解他们，用收集的故事和照片素材，写成了一本美丽的书，书名很惊艳，叫《哈扎人：被百万火光照亮》，哈扎人在书中以第一人称讲述他们的生活和世界观。他们生活在一个个小的独立群体中，决定都是由集体做出的，女人和男人有同等的话语权。两个年轻人相爱后，男孩会去猎一只狒狒，送给女孩的父亲以示感激，然后两个人就开始住在一起。孩子由整个群体一起照看。老人受到尊重，人们会围着火堆听他们讲故事，但他们在做决策上不会比其他人影响力更大。这里没有社会阶层，没有等级之分。没有领导者。任何人如果自以为高人一等都会受到嘲笑。任何和集体意见相左的人，在某种情况下不满意的人，都可以选择离开，悉听尊便。这里没有财产；食物都是马上进行平均分配，因为肉类和其他食物都无法保存。今天的人类学研究告诉我们，这是我们人类曾延续几十万年的生活方式，这可是相当漫长的时间。相比之下，种地、养牛、建立城市、读书、修建庙宇和教堂、上网，这些都是相当晚近的发明。也许我们出于对文明的不满，还没有真正习惯这些新事物。

那么哈扎人呢？他们相信自己的生活方式是唯一合理的，其他的都是怪异的，这一点和所有地方的人都一样，不管是中国人、英国人还是维罗纳人。他们看到，本地那些靠牧牛或农业为生的部落也会挨饿，甚至遭遇饥荒（几年前发生的一场旱灾，导致马赛族的牛大批死亡，族人陷入赤贫）。哈扎人不知什么是饥荒，稀树草原上从来不缺猎物，也不缺果子。我让向导哈桑问沙夸，他对我们是什么看法。哈桑出生在哈扎人地盘附近的村庄，从小就认识他们。他告诉我，他过去常发现哈扎人用箭射到的动物，他会找到那些动物，送还给他们。他和哈扎人保持着友好关系。但对于我的问题，他转达的答案在我听来有点荒唐："沙夸认为你们对他们感兴趣，是因为他们是很棒的猎手，你们想向他们学习。"我怀疑他是在开玩笑。但是我转而问自己，20世纪70年代，维罗纳的那些男孩子对路上经过的美国游客可有一丁点儿兴趣？也许沙夸对"其他人"的生活也一样缺乏兴趣。像大多数人一样，他关心的是他的朋友、他的打猎和他的女人。也许正是这一点，让他的族人几个世纪来丝毫不受外界影响，不被外力改变，延续着他们世代相传的生活方式。也许沙夸和他的族人没有那么强的好奇心，没有想知道更多的强烈愿望。也许正是这种好奇和欲望，吸引着我们中的一些人走出非洲，散落到世界各地，让我们开始养牲口，种植物，研究星星，问一千个为什么，建起村庄、城市、大都市和都市圈。也许那些任由新石器革命，以及其他更小的革命——与他们擦肩而过的人，只是没有那么强烈的好奇心，没有眺望山那边的愿望。或者也许他们有足够的远见，看到了与这些变化相伴而来的失衡的风险。我不知道。

所以我们在这里相会了，你和我，沙夸，我们看着彼此，一千年前，我们的祖先走上了截然不同的道路，在你的眼睛里，我似乎既能看到这两条路的价值，又看到它们各自的代价。我走遍世界，读万卷书，生病了有医疗保险；这些你都没有。我的不安分是无可救药的，没办法待着不动。而你呢，我不知道。但是对我们所有人最重要的东西基本都一样，而在我天真的想象中，你拥有它们全部，因为我们的生理进化方向原本就是为了让我们做你做的事，而不是我做的事。当然我已经不知道该怎样过你这样的生活。现在去质疑另一条路是否值得走，是没有意义的，不管它有多么令人难以抗拒。

我把那把法国刀留给了你。它对你的用处比对我要大。你给了我这根小小的羚羊角。对我来说，这代表了一种延续上万年的生活方式。这是一种已经失落的生活，而你，沙夸，是最后一群忍受它或者说享受它的人之一。

（《24小时太阳报》周日版 2014年6月22日）

非洲一日
A Day in Africa

今天，我决定离开位于姆布尔[1]的数学研究所，我已经在这个舒适的地方待了几周，想出去感受一下"真正的"非洲。我在街上叫了一辆共享出租车，挤坐在几个女人中间，她们穿着彩色的紧身衣服，体格健壮，相形之下，我倒显得很娇小。坐车到市中心的费用是100非郎，相当于不到15欧分。在离开海滨之前，我抓住机会去市场走了走。那里比我想的要大很多，人群熙熙攘攘，味道刺鼻，到处五颜六色，沾满污垢，地方大得似乎走不到头，越靠近海滩摆的东西就越多。在海滩上，几十条小渔船卸下了几百磅的鱼，这些鱼被送往四面八方。我使劲从市场里那些面无笑容、辛苦劳作的人海中挤了出来，又叫了一辆出租车，驶上姆布尔唯一一条柏油路，这是国家1号公路在海滨大道的分支，通往马里。我要去的是一个名叫桑迪亚拉的村庄，位于内陆20

---

[1] 姆布尔，塞内加尔西部城镇，濒临大西洋。

千米处。

在几次讨价还价后,我找到了一辆愿意带我去那里的车,费用是一千非郎,不到两欧元。一路上的风景都是沉闷的稀树草原,偶尔点缀着几棵猴面包树,到达目的地后,我发现桑迪亚拉更像是一座小镇。有一大群人围在一起看着什么。我小心地走近,往人群中间瞥了一眼,原来是一个男人。他在地上坐着,从头到脚都是泥土和灰尘。他神情狂乱,甚至可以说是绝望。手绑在背后,脚也捆住了,眼睛盯着地面。周围的人群闹哄哄的,边看他边大声议论着。一个年轻人告诉我他是个疯子。然后很快纠正说:他是"凶手"。一些细节又浮出来,说他用刀刺了某个人。我问现在要怎么办。现在他会被带到下一个村庄。我知道,在非洲,"现在"是个非常模糊的概念,理解为"迟早"会更准确。这里没有一个穿制服的人,只有一小群人边围观边评论。什么也没有发生。我对那个男人感到同情。他看起来不只是绝望,而是彻底被击垮。他似乎已经完全屈服于围观人群以及他们对他的看法。我忍不住想到,我是方圆二十千米内唯一的白人,作为来到这里的一个外乡人,我也帮不上什么忙。我在村里的沙子街道上闲逛,观察孩子们做游戏、铁匠铺、小清真寺、覆盖一切的尘土,然后回到大路上,找到一辆公交车把我带去下一个村子,提阿蒂埃。我从一个女摊贩那里买了一些面包,街上到处都是这样的女摊贩,然后往另一个方向走,有人告诉我那条路通往绍村。

我之所以选择前往绍村是因为它的名字,我喜欢它的发音。我在地图上看到了它。它不在主路上,但离得并不远。在村外的路上,一个穿着黄袍子、脸上汗津津的男人问我要去哪儿,我告诉他我要去绍村。一般来说,我对于主动接近的人都很警惕,特别是那些脸上汗津津的人,但在这里保持冷淡根本行不通。"绍村?""是的,绍村。"他说可以送我到那里,要价三千非郎,我还价两千,他示意我跟他上车。那是一辆老掉牙的黄色标致车,比姆布尔那辆撞坏的老爷车还要破烂。它有一扇门关不上,路上一半的时间巴里(我后来得知他叫巴里)都用手拉着门。另一半时间他一直在尝试把它开开再使劲关上。但是没成功。在走了几千米后,他减缓车速,靠边停车,告诉我,我们要走左手边沙地里一条几乎看不清的小道。我什么也没说,但是我突然感到一阵不安。巴里也没说什么话,我不喜欢这一点。问他话时,他的回答都是几个字,而且完全没回答我的问题。为了跟他对话,我指着云彩,问他这样的天空在一月的塞内加尔是不是很少见。他答道:"天空。"他看起来并不机灵,这让我放松下来。

然后,我们来到了绍村。它跟我预想的完全不同。我原以为它又是一个熙熙攘攘、满是黑色污垢的村庄,结果发现这里很空旷,村民住得很分散,房舍散落在稀树草原的猴面包树之间，满眼都是黄色的沙子和稻草。我一下车，就有一群孩子跑过来，惊奇地大睁着眼睛，就像看见飞碟落下来了一样。一位老人出现了，还有几个女人。他们不明白我来干什么。我想跟他们说，我只是好奇，想在村子里到处走走看看，希望他们不要介意。这让他们觉得很奇怪。他们提出要陪我一起，给我当向导。那位老人叫来一个非常美丽的年轻女孩，告诉我她会做我的向导。如果不是因为伊斯兰教有极为严格的道德观，这个提议就会让我有点想入非非了。之后我发现，我更需要的不是向导，而是一个保护我避开围观人群的人。一个穿着节日服装的矮小男人突然冒出来，带着一面鼓，像疯子一样敲起来，所有人都拍手大笑。一个年轻女孩开始跳舞。

他们告诉我，他们在击打小米脱粒，理所当然地认为我知道这个村庄是靠小米为生的，以及关于它的种植和烹饪的所有知识。他们带我去看那些女人，她们用巨大的木头棒杵在一个同样超大号的木头容器中击打小米。整个非洲都在用这种棒杵，我每次看到它，它碾碎的都是不一样的东西。我问村子里有多少村民，答曰应该去学校问问。好极了，有学校！我让巴里带我去，还有另一个一直跟着我们的健壮和善的小伙子，我们穿过沙地，经过山羊群和猴面包树，去往学校。路不是很远。学校里有几间房子，墙是沙子颜色的。我们去见校长，他赶紧擦拭一把椅子给我让座。校长是个聪明人，充满激情，热爱他的学校，很活跃，令人愉快。他跟我谈起从上面落下来的教育项目，最近的一个居然来自加拿大，还谈到阿拉伯语和宗教的教学情况，困难很多，但所有男生都很热爱学习，所有女生也是如此，他特意强调道。这里的环境不错，他笑着说，非洲就是这样，灾难不断，却总喜气洋洋。我们只匆匆瞥了一眼孩子们。"他们有时候注意力不集中是因为在家里没吃饱饭"，他语气谦卑地说，同时也很清楚他和学校里仅有的其他四位老师做的事是多么重要。我想向他多了解一些小学开设伊斯兰教课程的情况，但担心这个话题比较敏感。他给我看了学校的课程表，上面显示了阿拉伯语和宗教课程的课时：差不多每周一小时。"学校里有基督教的孩子吗？""是的，有几个。"他告诉我，在上伊斯兰教课程时，他们会离开教室。这跟意大利的做法一样，不过要反过来。在意大利上基督教课程时，穆斯林学生会离开教室。想到人类的蠢行时我的心情沉重起来，但我不想触碰这个话题。我向校长告别，真诚地向他表示感谢，他显然很高兴与我们会面。离开前，我提到我愿意捐点钱，帮助学校买些材料——练习本、笔等——问他是否可以捐欧元。我捐了一大笔钱，他立刻打电话叫来一个助理，来做他接受这笔捐赠的见证人。我们热情地告别，甚至有点恋恋不舍，尽管我说不清楚为什么。

巴里比我有先见之明，他一直跟着我。不然我真不知道怎么离开这儿，我在村子里见到的唯一一种交通工具，就是稀树草原上半隐半现的一头看起来很老的驴。我让他往北开，上国家2号公路，这条路通往毛里塔尼亚。在那里我应该能找到公共交通工具返回姆布尔。我们讨价还价了一番，最后达成了交易。我们出发了，路上他还是用手拉着车门。路程很长，车子行驶在一条尘土飞扬、被太阳晒得干硬的土路上。这辆车似乎是由土坷垃、锈和老掉牙的塑料做成的。尽管如此，在大片的干旱土地和孤独荒凉的村庄之间，它依然在移动着。

路上只有我们一辆车。透过早就没了玻璃的车窗，我看着路边的田野向后跑去。我突然想到，大多数人类的生活都像这些男人和女人一样，像这些满面尘土的孩子一样，而不是像我这样。我们是少数例外，在我们那富裕而洁净的花园中，我们与外界隔绝，被保护得很好。

几个小时后，我们到了孔伯勒，我再次看到了路边村庄堆积的泥土，这在非洲国家许多主路两旁都很常见。这里情况尤其糟糕。我不知道这和法国是"殖民我们"（这里的人们经常这样说）的国家是否有关系。我不敢吃任何复杂的食物，将就只吃橙子、香蕉和面包。我找了一个树荫自己吃起来，但没过一会儿，我就被一帮孩子围住了。我和他们逗着玩，给他们拍照，让他们看相机里的照片。女孩害羞地笑着，男孩大笑着显摆自己。我犯了个错误，给了他们一些饼干，结果他们争相过来要更多，我被迫落荒而逃……

我看到一辆破旧的公共汽车，塞满了人，正往我要去的方向走，我就上了车。那天很晚我才到提耶司，意识到如果我不想半夜回去就得抓紧时间。一个穿着白色长衫的和善老人陪我到了公共汽车站，我问是不是有车去姆布尔。有一辆。我要做的就是等，看是否有人也要去姆布尔。非洲大多数公共交通都是这样。你要等。可能一等就是几个小时。你坐在公共汽车站的车上、石头上，或者坐在一堆不可言说的垃圾和苍蝇中间。半个大陆的人花了多得离谱的时间在等待上。我利用这个时间读一会儿书。我在这个地区唯一一家食物没有盖上一层土的商店里发现了一本小书，一直随身带着。这本书的主人公是一个年轻的塞内加尔人，他原本在一所教授《古兰经》的学校受教育，后来欧洲的教学内容引进来，这个年轻人被送到一所法国学校，最后到了巴黎，在索邦大学学习哲学。这是一个悲伤的故事，主人公在不同世界之间犹豫不定，传递出作为一个非洲人在西方文化为主流的世界里的疏离感，或者说到底是作为一个人的疏离感。当公共汽车终于发动时，我已经等了几个小时，书已经看完了大半，我开始带着小说那令人不安的视角，看着周围的田野。我看着稀树草原从开着的车窗外飞驰而过。近处，是一些房舍，远处，在烟雾笼罩中，是一座工厂的轮廓。

我们到姆布尔的时候天已经黑了。姆布尔是大城市,在广袤的内陆待了一天后,到这里感觉就像进入了但丁的作品。在浮出水面的唯一一条路上,交通极为繁忙。飞扬的尘土被车前灯照亮。路上充满了噪声、黑暗和光亮、混乱还有神色忧虑的路人,就像是地狱的前厅。公共汽车到达了车站。我下了车,买了一些橙子,发现它的价格因为我的肤色翻了一番,但我也不是很介意。然后我发现公共汽车站就在一座很大的糖果粉色的清真寺后面,之前我有几次都路过这里。它给人的感觉是不对外开放、进不去的。我曾经向我常去的一家饭店的老板提过,他是我在这个地区见过的唯一一个白人,我问他那里能不能进去,他心不在焉地咕哝了一句"不行"。但是现在有人在晚祷后从那里出来。我决定赌一把。最糟的结果无非就是被拒之门外。

清真寺所在的区域外,围着一条细细的锁链,锁链里面是一种平静的氛围。我走到围栏处。从里面出来的人正在穿鞋。我脱掉自己那沾满污垢的凉鞋,拎在手里,穿过那个区域。我感受到了脚下柔软的草皮。信徒们三五成群地从清真寺里出来,就像欧洲教堂里那样。不同的是,这里全是男人——年纪都差不多,要不就年纪很大。我惊讶地发现他们的仪表是那样整洁,神情是那样庄重、安详。经过我身边时,他们跟我打招呼。许多人都微笑着。在这个国家人们不怎么爱笑,但看来这里的人们不同。我好奇在他们眼里我是什么样子。在外奔波了一天后,我一定是脏兮兮的;我光着胳膊,而其他人全都穿着长袖衣服。我背着旅行包,带着简易草帽,这样的打扮显然不是特意来清真寺的。而且我的肤色是白色,跟其他人对比之下,简直白得发光。但是他们都在冲我微笑,友善地点头。显然,他们很高兴看到我走进清真寺。我原本担心自己会不受欢迎,或者遭到敌视……我来到了清真寺门前,小心翼翼地光着脚跨进门,环顾四周。一个年轻人匆匆向我走来,脸上带着担忧的神情。他说了一些我听不懂的话。显然我触犯了什么规矩。他指着我手里的凉鞋,我忽然意识到,规矩不是人不能穿鞋进入清真寺,而是鞋不能进入清真寺。我赶紧转身走出门,把鞋子和别人的放在一起。我正要往回走进去时,一个老人过来,给了我一个鼓励的微笑,对刚才拦住我的那个年轻人说了句什么。他拿起我的鞋子,放在一个黑色塑料袋里,拎着它们进了清真寺,然后递回给我。我尴尬地想要解释我不担心它们会被偷,我很乐意把它们放在门外……但是那个老人对我微微一笑,那个年轻人也在微笑。于是我接过鞋子,用眼神对他们表示感谢,然后进入清真寺内。我说不出话来,在世界上有些地方,善意比规矩更重要。

现在几乎人都离开了。只有几个人逗留在寺内,但这里空间太大了,给人感觉像一个巨大的空洞。深沉的平静。深沉的静默。我坐在地板上,坐在地毯上,背靠着一面墙。这里与外面的世界形成了巨大反差。寺外是地狱，寺内是天堂。一切都一尘不染，洁净无瑕。墙壁和柱子上面刷了一层闪亮透明的白漆。地毯是长的、简单的、端庄的、迷人的，上面装饰着庄严的绿色和黑色相间的阿拉伯花饰。这些地毯一排排摆放得整整齐齐。光线弥散而透亮。拱顶和柱子引着人的目光和心往上走。留在寺内的几个人也没有像教堂里的人们那样悄声说话，他们的音量是正常的，但是他们的声调很平静，甚至可以说高贵。这里没有过多的装饰、浮华、炫富、十字架苦像、蜡烛、黑暗、描绘着狂喜面孔的古老画作、金叶子。这是一个巨大的祥和的空间，一个友好的地方。某种人性的，有深厚人情味的东西，在这里，人的内心似乎会被吸引去追求某个极重要的、绝对的真理。

突然，我似乎瞥见了这个地方的核心。藏在这个辛劳的、贫穷的、布满尘土的、杂乱的非洲之中的，藏在这个在我看来遥不可及的地方的，是这些人平静的尊严，是这个完美地方赋予人的，在这里他可以完全成为自己，和自己和平相处，而这我在其他地方都没见过。完全的宁静平和。一时之间，尽管我是个彻头彻尾的无神论者，我感觉自己突然理解了为什么那么多人会投入全能的神的怀抱，这个神不是一个父亲，而是真正的彻底的绝对真理。

我离开的时候找到了属于我的平静。可能这不过是对一天暑热、旅行、脱水、偶遇、压力和疲劳的生理反应。也可能我确实学到了某种东西,多学了一件小事,即关于生而为人的复杂性。

(《晚邮报》文化副刊 2016 年 1 月 31 日)

圣诞季结束了
The Festive Season is Over

圣诞季结束了。又是一年,这一波的情感、午餐、蛋糕、亲人团聚、旅行、礼物和其他与圣诞节配套的东西都过去了。我一直对圣诞季无所不在的影响感到吃惊。即使你尝试抵制,最后依然会被它推着走。

你不能不去看望亲人,而且至少得带上一件小礼物。你不能不装饰下桌子,放上一棵小圣诞树,一个耶稣降生场景的小摆件,一些彩色灯光或者一根蜡烛。你必须以某种方式来庆祝一年中的这个时刻。这种我们所有人都感受到的巨大的节庆推动力,它是从何而来的呢?

对基督徒来说,圣诞节当然是为了庆祝救世主的降生,庆祝拯救我们的主的到来。它是一场令人动容的纪念仪式:隐形的主来到了世界上。耶稣降生的场景再现了这个有魔力的时刻,沐浴着我们的情感之光。

但是在十二月末举行的节庆活动比后来盗用它的基督教要更加古老和深沉,基督教将自己的神话和信仰植入节庆活动中，取代了其他传统。一些改良后的传统保留了下来：在耶稣降生很久之前，古罗马的人们会在十二月末点起蜡烛，交换礼物。北方的异教部落早在耶稣的信息抵达他们那里之前，就有庆祝冬至的传统。这种在岁末驱动我们行为的力量要比基督教更加古老。它究竟是怎样一种力量呢？

几年前出版了一本好书，《塑造人类的仪式和宗教》，作者是罗伊·拉帕波特，他是20世纪最重要的人类学家之一。这本书是关于仪式和习俗的古代溯源。想想看，仪式真是一种奇怪的东西，难以从幼稚现代性的角度来解读。一场仪式是一系列或多或少被定期有规律重复的姿势、动作或话语，其参与者都带着一种强烈的情感，虽然它似乎没有任何直接的实际用处，或者至少可以说，它的用处与投注其中的巨大力量并不相称。

为什么，几千年来，我们一直在十二月末交换礼物？一个个帝国曾崛起又衰落；无数的民族被屠戮；我们的宗教信仰多次更迭；我们富裕过，贫穷过；忍辱负重过，也专横跋扈过；我们曾相信女巫，也去过了月球。然而，雷打不动的是，在每年的十二月底，我们都要交换小礼物，点起一根蜡烛或者一盏小灯。这难道不令人惊奇吗？

拉帕波特说，仪式的起源可以追溯到人类最初的诞生，以及口头语言的出现，这已是人类的显著特征。拉帕波特认为，仪式在构建我们作为人类的属性，尤其是我们的社会性上，发挥了关键作用。

仪式行为是一套精心设计、复杂和重复的动作，没有明显的直接目标，它在许多动物中都很常见，常常和持久关系的形成联系在一起——比如许多单偶制动物的复杂求偶仪式。就我们人类而言，在语言驱动下，一个多层次的抽象世界建立起来，那些之前不存在的新实体（法律、婚姻、刑罚、合约、王国、民族、财产、权力……）出现了，它们既决定了我们在现实世界的行为，也是一个共享体系的组成部分，遵循这些，符合我们灵长类动物大脑结构中根深蒂固的法则，这些法则由仪式动作来塑造，并定期由其强化。简言之，仪式是复杂的人类社会和精神现实的基础，我们生活的一大部分都是在其中发展起来的。

所以，两个相爱之人的日常生活是由婚姻仪式支撑的；医生的职业生活是由授予执业资格的仪式支撑的；牢狱生活背后是出庭和审判的仪式；议会的合法性取决于选举仪式；我家房子所有权的有效性取决于一场有律师参加的仪式；一名基督徒的内心生活建立在每周的弥撒仪式上，而一名佛教徒的内心生活则建立在冥想仪式上。我在马赛的研究小组的科学生活则由我们多少有点拙劣的仪式支撑，即吃着三明治讨论物理问题的例会。诸如此类的例子，不胜枚举。

我们靠重复一套规定动作，在现实的混乱流动中引入秩序，给我们自己一些参照点——从而确定我们对世界的认知，以及我们在世界上的存在。

　　我不确定拉帕波特对仪式的解读在密切细致的审视之下是否正确无误。我也不知道它在多大程度上得到了本领域同时代专家的支持。但是它教给我们一件重要且深刻的事：作为人类，我们是多维的；由不同的层次组成，而对此我们自己并不完全理解。而且，如果不是专门去研究，我们不会发现自己是由一些压根没意识到的规则所支配。我们给它们命名，让自己被它们和生活牵着走。

　　每年圣诞节到来时，不论是热忱的基督教徒还是彻底的无神论者，我们都要回家看望年迈的父母，和朋友们交换礼物。就这样，年复一年，世界有序运转。我们确信，感情的纽带将我们维系在一起，我们在世界上感到安适自在。我们准备好了重新开启新生活。

（《晚邮报》2016 年 1 月 7 日）

这短暂的人生，
今天比以往任何时候都显得更加美丽
This Short Life Feels Beautiful to Us,
Now More than Ever

这次新冠疫情在英国的发展，几乎复制了几周前意大利的情况。民众的反应也循着同样的轨迹：先是不敢相信，然后是恐惧、难以接受现实，做出反应的时间通常要滞后很多。

这次危机暴露出的人事无常的确让人很难接受。我们人类可能不像自己以为的那样强大。身在富裕的国家，我们习惯了看到最糟糕的灾难在世界其他地方发生。在意大利，我们看着中国疫情爆发时，有一种盲目的感觉，觉得疫情不会来到我们这里。而在病毒来到后，我们看到其他国家，包括英国，也犯了同样的错误。就在几周前，我还在电视上听到一个美国人说："我们是世界上最强大的国家，疫情拿我们一点办法没有。"他现在不会再说这种话了。对每个人来说，这都是一次让我们学会谦卑的经历。

这场疫情不是任何人的错。它不像是由人类的愚蠢引发的战争。当然其中有错误和疏忽，而且我们也一定正在犯更多错误，但是在这种不寻常的情况下做决定是艰难的。我们尽己所能，在黑暗中摸索前进。下次我们会准备得更充分，反应更迅速，更好地倾听来自科学界的警告。现在找一个指责的靶子是软弱而不明智的做法。我们可以指责本该早点对这场危机做出反应的政客，可以指责本可以准备得更好的政府，但现实是，在这场灾难里没有罪犯。不管人类有多狂妄，我们都逃不出自然的手心。有时她慷慨地赠予我们礼物；有时她残忍地虐待我们，像一个冷血的君王。科学和知识是我们拥有的最好的工具。它们让我们避免犯错误，就像我们在中世纪大瘟疫时期犯的错，原本是为了遏制疫情，结果反而助长了它的蔓延。今天我们无比清晰地认识到，科学不能解决所有问题。我们人类绝妙的智慧居然在一个比尘埃大不了多少的小病毒面前束手无策。科学是我们找到的最好的武器，我们要好好珍惜。但是在强大而冷酷的自然面前，我们依然脆弱无助。

今天我们西方人的傲慢也正在接受严峻考验。意大利曾以拥有地球上最好的医疗系统为傲，今天却要接受来自古巴、中国、俄罗斯，甚至阿尔巴尼亚的援助。过去我们不是常评论这些国家走错了路吗？迄今在控制疫情上做得比我们好得多的国家，是新加坡、朝鲜和中国。我们西方人不是自认为是班上最优秀的学生吗？在这场疫情过去后，也许是时候重新检视下我们既有的观点了。

疫情总会过去。历史上发生的所有瘟疫都过去了。我们还不清楚这场疫情会给我们的生活带来怎样的影响，它的破坏力到底有多大，它会让我们每个人付出怎样的代价。也许我们要重新检视关于自由市场经济的一些既有观点，今天就连那些绝对自由市场经济的铁杆拥护者也在高喊："政府应该帮助我们！"在艰难时刻，合作显然是比对抗更优的选项。我暗暗希望，这会是我们从当下的危机中学到的教训。合作是解决问题最好的途径。只有我们通力合作，人类才能存活下来。

西方国家正在不情愿地度过这段艰难时期，我想意大利正在从这次危机中学到谦卑的一课。因为现在，我们正在一起奋斗，为我们爱的人和我们自己赢得更长一点的生命。因为这就是我们正在做的事：帮助医生做他们能够做的事——为我们赢得几天、几年或更长的生命。生命不是我们天赋的权利。它是我们通过合作和知识累积而逐渐获得的特权，而这要感谢文明。

在过去两个月中，有22000余名意大利人丧失了生命。还有更多人要在这场疫情中丧生。这个数字多么吓人，但在没有疫情的每年里，每个星期里，每一天里，死亡也在发生。失去亲人和爱人的悲伤是巨大的。但这种丧失不是因为疫情才有：死亡一直在我们身边，将来也将一直在。22000是很大的数字，但是每年死于癌症或心脏病或仅仅是老死的人都比这要多得多。世界上死于饥饿或营养不良的人数也比这要多得多。疫情所做的其实是把既往我们视而不见的真相放在我们眼前，那就是生命的短暂和无常。

我们不是世界的主人，我们不是永生不朽的；过去和现在，我们都不过是秋风中的叶子。我们不是在和死亡战斗，因为这场战斗我们必败无疑，死亡终会胜利。我们在做的是共同努力，为个人在地球上赢得更多的存活时间。因为这短暂的人生，尽管磨难重重，但它在今天比在以往任何时候，都显得更加美丽。

（i-News, 2020 年 4 月 20 日）

图书在版编目（CIP）数据

物理学家的智性冒险 / (意) 卡洛·罗韦利著；胡晓凯译. -- 北京：北京联合出版公司，2022.1
ISBN 978-7-5596-5731-2

Ⅰ. ①物… Ⅱ. ①卡… ②胡… Ⅲ. ①科学知识—普及读物 Ⅳ. ①Z228

中国版本图书馆CIP数据核字(2021)第 228151 号

北京市版权局著作权合同登记号　图字：01-2021-6961
First published in Italy by Corriere della Sera under the title Ci sono luoghi al mondo dove più che le regole è importante la gentilezza by Carlo Rovelli，2018
Copyright © Carlo Rovelli, 2018
Simplified Chinese edition copyright © 2021 by Beijing Xiron Culture Group Co., Ltd. and Penguin Random House (Beijing) Culture Development Co., Ltd.
All rights reserved.

物理学家的智性冒险

作　者：[意]卡洛·罗韦利
译　者：胡晓凯
出品人：赵红仕
责任编辑：徐　樟
封面设计：索　迪

北京联合出版公司出版
（北京市西城区德外大街83号楼9层　100088）
河北鹏润印刷有限公司印刷　新华书店经销
字数：146千字　860毫米×1092毫米　1/32　印张：8
2022年1月第1版　　2022年1月第1次印刷
ISBN 978-7-5596-5731-2
定价：56.00 元

版权所有，侵权必究
未经许可，不得以任何方式复制或抄袭本书部分或全部内容
如发现图书质量问题，可联系调换。质量投诉电话：010-82069336